KOSMOS
REISE
FÜHRER
NATUR

W0059920

Wilhelm Meyer

Geologischer Wanderführer: Eifel

Ein Reiseführer für Naturfreunde

Kosmos
Gesellschaft der Naturfreunde
Franckh'sche Verlagshandlung
Stuttgart

Mit 91 Farbfotos von W. Meyer (55), E. Justra (14),
K. Wienecke (5), B. Kurzweg (4), M. Kurzweg (4),
B. Thon (4), R. Kozel (2), T. Schneiders (2), K. Krumsiek
(1), 14 farbigen Blockbildern und Zeichnungen von
W. Meyer und einer stratigraphischen Tabelle nach
einer Vorlage des Verfassers von H.-H. Kropf

Umschlaggestaltung von Edgar Dambacher unter Ver-
wendung einer Aufnahme von E. Justra: Maare bei
Daun (freigegeben vom Reg.-Präs. Düsseldorf unter
der Nummer 23 L 28)

CIP-Kurztitelaufnahme der Deutschen Bibliothek

Meyer, Wilhelm:
Geologischer Wanderführer: Eifel : e. Reiseführer
für Naturfreunde / Wilhelm Meyer. – Stuttgart :
Franckh, 1983.
    (Kosmos-Reiseführer Natur)
    ISBN 3-440-05165-X

Franckh'sche Verlagshandlung, W. Keller & Co.,
Stuttgart / 1983
Printed in Italy / Imprimé en Italie / L 10 ab HHe
ISBN 3-440-05165-X
Satz: G. Müller, Heilbronn
Herstellung: Grafiche Muzzio, Padua/Italien

Seite 2/3: Die Basaltkuppe der Nürburg ist der Hochflä-
che des Schiefergebirges aufgesetzt. Im Hintergrund
Herschbroich. (Freigegeben vom Reg.-Präs. Düsseldorf
Nr. 23/70/733)

Geologischer Wanderführer: Eifel

Geologische Wanderungen in der Eifel

Die Eifel ist als ein für Mitteleuropa relativ armes und dünnbesiedeltes, von endlosen Wäldern bedecktes Gebiet bekannt. Kennzeichnend für dieses Bild sind Bemerkungen wie diese aus einem 1820 erschienenen Buch „Über die basaltischen Gebilde des westlichen Deutschlands" von Christian KEFERSTEIN (1784–1866): „Ich bin über einen bedeutenden Theil dieses traurigen Gebirges gekommen, ... aber die hier gesehene Einförmigkeit und Oede läßt sich kaum beschreiben: halbe Tage wandert man, ohne ein Dorf zu sehen, auf kaum betretenen Wegen; meist trifft man nur Geniste und Heide."

Zur gleichen Zeit, als dieses melancholische Landschaftsbild gezeichnet wurde, schrieb andererseits Leopold v. BUCH (1774–1853), einer der Stammväter der deutschen Geologie, in einem Brief vom 12. August 1820: „Die Eyffel hat ihres Gleichen in der Welt nicht; ... und ihre Kenntnis kan gar nicht umgangen werden, wenn man eine klare Ansicht der vulcanischen Erscheinungen auf Continenten erhalten will."

In unserem zu dicht besiedelten Mitteleuropa übt inzwischen gerade eine Landschaft mit „kaum betretenen Wegen" große Anziehungskraft aus, und so suchen heute zu jeder Jahreszeit Wanderer, vor allem aus den nahegelegenen großen Städten an Rhein und Ruhr, hier Erholung in den einsamen Wäldern. Das Interesse der Erdwissenschaften an der Eifel hat seit den Zeiten Leopold von BUCHs in keiner Weise nachgelassen, und noch heute entzünden sich an vulkanischen oder stratigraphischen Phänomenen der Eifel wissenschaftliche Diskussionen von internationalen Ausmaßen. Die geologischen Objekte bieten sich uns heute allerdings nicht mehr so reichlich dar wie vor 100 Jahren. Ein Teil der Vulkane ist durch Tuff- und Schlackenabbau verschwunden. Früher konnte man oft schon auf den Feldern reiche Fossilfunde machen; die Eifelbauern kannten viele Stellen, an denen solche „Figurensteine", wie sie sie nannten, verbreitet waren. Es wird berichtet, daß Alexander von HUMBOLDT bei Gerolstein so viele der prächtigsten Fossilien fand, daß seine Taschen zum Transport nicht ausreichten und er den auf den Feldern arbeitenden Frauen ihre langen Wollstrümpfe abkaufte, um den Reichtum zu bergen.

Diese goldenen Zeiten sind in der Eifel endgültig vorbei. Besonders die Entwicklung des Mineralien- und Fossiliensammelns vom Steckenpferd einiger weniger zu einem Massensport hat in den letzten drei Jahrzehnten zu einer Verarmung der berühmten Fundpunkte (z. B. Büdesheim in der Prümer Mulde, Gees in der Gerolsteiner Mulde, Dreiser Weiher u. a. m.) geführt, die eine weitere wissenschaftliche Bearbeitung unmöglich macht. An vielen Stellen, besonders in der Umgebung von Gerolstein, hat wilde Grabungstätigkeit der Vegetation schweren Schaden zugefügt; sie ist

Der Luxemburger Sandstein (Lias) bildet Hochplateaus und an den Talrändern Felsbastionen wie hier bei Prümzurlay.

dort zu einer echten Umweltbelastung geworden. Neuaufschlüsse kommen nur in beschränktem Umfang hinzu, im Gegensatz zu früher, als noch jedes Dorf einen kleinen Steinbruch hatte, in dem ständig frisches Material anfiel. Der moderne Straßenbau läßt Anschnitte nur kurze Zeit frei liegen und bedeckt und begrünt sie dann möglichst schnell.

Angesichts dieser Situation kann es nicht das Hauptziel eines geologischen Wanderführers sein, nur Fundpunkte aufzuzählen. Vielmehr sind die Wanderungen so angelegt, daß sie die verschiedenen Etappen der Entstehung einer geologisch so vielfältigen Landschaft zeigen und außerdem noch die Wirkungsweise möglichst vieler geologischer Vorgänge vor Augen führen. Dabei ist der Fotoapparat, noch besser ein Zeichenblock, mindestens ebenso wichtig wie Hammer und Meißel. Hinweise auf Fundstellen von Mineralien und Fossilien werden nur da gegeben, wo die Gefahr des Leersammelns nicht besteht.

Es sind für den größten Teil der Eifel z. Z. keine genauen geologischen Karten erhältlich. Es wird daher empfohlen, bei den Wanderungen topographische Karten im Maßstab 1:50 000 mitzuführen, um auch Nebenwege benutzen und Eintragungen machen zu können. Bei jedem Kapitel werden Nummern und Namen der entsprechenden Kartenblätter nach der Überschrift angegeben.

Erdgeschichtliche Entwicklung der Eifel

Es gibt in Mitteleuropa kaum eine Landschaft, in der die verschiedenartigen Vorgänge der Erdgeschichte noch so deutlich dokumentiert sind wie in der Eifel: Im Hohen Venn streichen die ältesten Schichten des Paläozoikums zutage; es sind Gesteine aus Kambrium und Ordovizium. Die Sandsteine und Schiefer des Unterdevons bauen den größten Teil der Eifel auf. Mittel- bis oberdevonische Kalke als Bildungen eines Korallenmeers sind innerhalb eines Nord-Süd-Streifens zwischen Sötenich und Mürlenbach in den sog. Eifelkalkmulden erhalten geblieben. Wegen ihres Fossilreichtums sind diese Kalke weltberühmt; ein Zeitabschnitt des Mitteldevons wird deshalb in den Lehrbüchern der Erdgeschichte als „Eifel-Stufe" bezeichnet. Riffkalke des Unterkarbons bestimmen die Landschaft um Kornelimünster und Stolberg nordwestlich des Venns. Während der Oberkarbonzeit wurde die Erdkruste in Mitteleuropa zu dem sog. variszischen Faltengebirge (nach *Curia Variscorum*, dem römischen Namen für die Stadt Hof in Nordbayern) zusammengeschoben, so entstand auch das Rheinische Schiefergebirge, dessen Teil die Eifel ist. Die Falten streichen in der Eifel Nordost-Südwest.

Das Faltengebirge wurde anschließend abgetragen, unter trocken-heißen Klimabedingungen entstand eine monotone Ebene. Der rote Abtragungsschutt sammelte sich während der Permzeit in langgestreckten Wannen, wie z. B.

Die Geologie der Eifel in Blockbilddarstellung; nach geologischen Übersichtskarten und Unterlagen von J. STETS und M. u. R. TEICHMÜLLER. Die Farben der Schichtsäule gelten für alle Blockbilder dieses Führers.

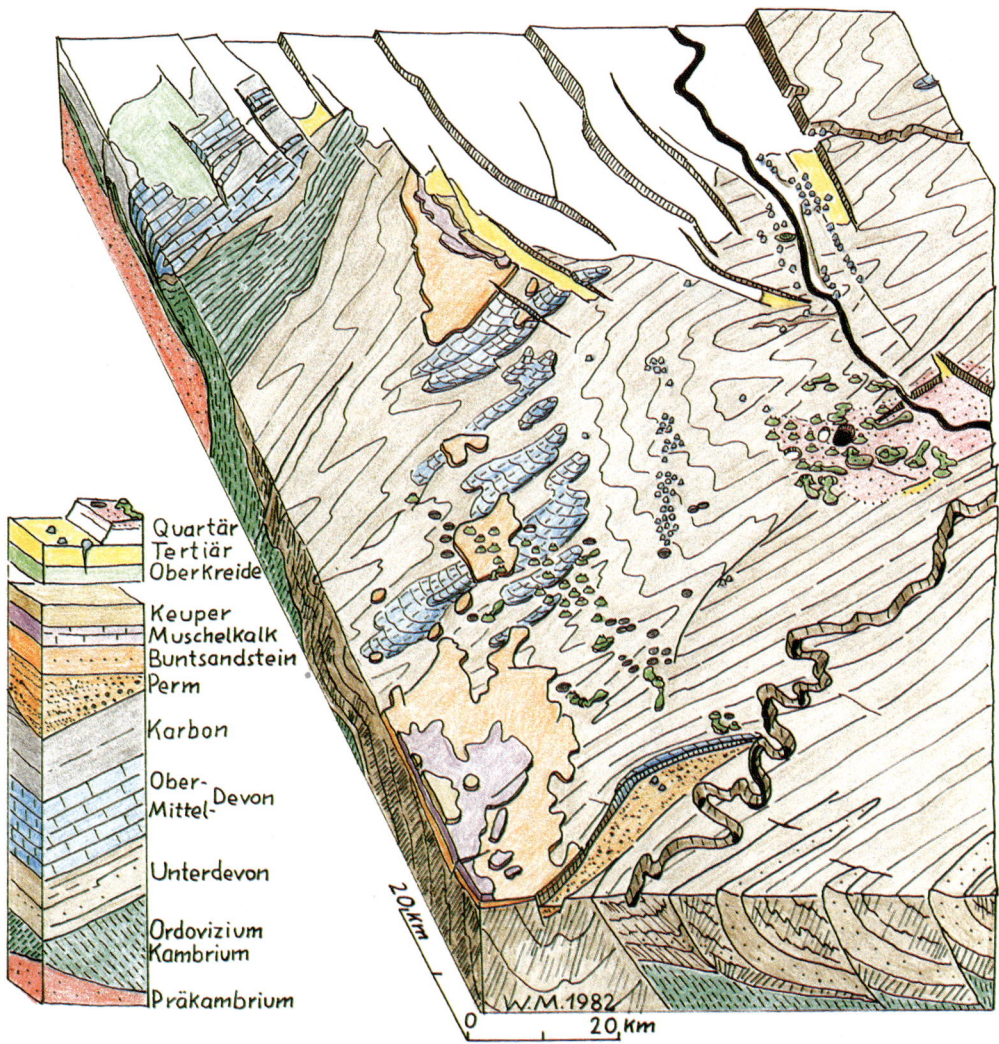

Quartär
Tertiär
OberKreide

Keuper
Muschelkalk
Buntsandstein
Perm

Karbon

Ober-
Mittel- Devon

Unterdevon

Ordovizium
Kambrium

Präkambrium

20 km

0   20 km

W.M.1982

9

in der Wittlicher Senke. Auch in der Triaszeit blieb das aride Klima zunächst noch bestehen. In einem breiten Streifen von Zülpich über Gerolstein bis Trier wurde der rote Buntsandstein abgelagert. In der Folgezeit überflutete das Meer meist nur noch Randbereiche der Eifel. So sind in größerem Umfang Gesteine der Trias und des Jura nur in der Südwesteifel und im Triasdreieck von Mechernich – Kall verbreitet. Schichten der Kreide finden sich nur im Raum Aachen – Maastricht, das Oberkreidemeer hat aber kurzfristig auch die nördliche Westeifel überflutet. Das Eifelgebiet war zu dieser Zeit noch ein kaum durch Täler gegliedertes Flachland, in dem unter feuchtwarmen Klimabedingungen die Tonschiefer bis zu 50 m Tiefe zu weißlichem, weichem Ton zersetzt wurden.

Zu Beginn der Tertiärzeit begann dieser Rumpf langsam aufzusteigen, und an Verwerfungen brach das große Dreieck der Niederrheinischen Bucht ein. Dadurch entstand nun das Gefälle, das die Herausbildung eines Flußsystems ermöglichte, und es konnte sich das durch Täler und Bergrücken gegliederte Rheinische Bergland bilden. Innerhalb des Schiefergebirgsrumpfes sank an Verwerfungen das Neuwieder Becken ein.

Die tonige Verwitterungsrinde wurde nun abgespült; der Ton kam in kleinen Becken wieder zum Absatz. So entstanden Tonlagerstätten im Neuwieder Becken, in der Südeifel (Speicher) und am Nordrand der Eifel (Langerwehe, Antweiler, Adendorf, Witterschlick usw.).

Der Aufstieg des Gebirges wurde von lebhafter Vulkantätigkeit begleitet: Tertiäre Vulkankuppen (meist Basalte) finden sich verstreut in der ganzen Eifel, jedoch lag der Schwerpunkt des vulkanischen Geschehens in der Hocheifel zwischen Kelberg und Adenau, wo die Erdkruste wie durch Schrotschüsse von zahlreichen Schloten durchsiebt wurde. Der höchste Berg der Eifel, die Hohe Acht (747 m), sowie andere imposante Tertiärvulkane wie Nürburg (678 m), Hochkelberg (674 m), Höchstberg (616 m) und Aremberg (623 m) überragen als weithin sichtbare Kuppen den Schiefergebirgsrumpf.

Der Aufstieg des Schiefergebirges ist auch heute noch nicht beendet, das zeigen unter anderem Erdbeben am Nordrand der Eifel und im Bereich des Rheintals. In der Pleistozän-Zeit (dem sogenannten Eiszeitalter), vor etwa einer halben Million Jahren, nahm die Hebungsintensität so stark zu, daß Rhein und Mosel mit ihren Seitenflüssen sich plötzlich tief einschneiden mußten; so entstanden die charakteristischen steilen Talschluchten. Das Rheinische Schiefergebirge ist aber weder vom nordischen Inlandeis erreicht worden, noch hat es eine eigene Eiskappe ausgebildet wie etwa der Schwarzwald; es war also immer Periglazialgebiet.

Während dieser Hebungsphase erwachte der Vulkanismus wieder und war bis vor etwa 10 000 Jahren tätig. Es entstand in der Eifel eine der jüngsten Vulkanlandschaften Europas, in der Frische der Vulkanformen nur übertroffen von den noch tätigen Vulkanen des Mittelmeerraumes und Islands und dem teilweise etwas jüngeren Vulkangebiet der Auvergne. Die quartären Vulkane bilden in der Westeifel eine breite Kette zwischen Bad Bertrich im Südosten und Ormont im Nordwesten und in der Osteifel ein Vulkanmassiv, in dessen Zentrum etwa der Laacher See liegt.

Die jungen Vulkanformen

Wegen dieser jungen Vulkane genießt die Eifel unter Vulkanologen Weltruhm. Wir wollen hier einige Vulkantypen etwas näher betrachten:

Die häufigste Vulkanform ist die des Schlakken- und Tuffkegels, der im Laufe der Zeit zu einer runden Kuppe wird. Nur selten ist noch ein Krater erhalten, so z. B. in dem Schlackenkegel der Mosenberg-Gruppe bei Manderscheid, der sogar einen Kratersee enthält, den Windsborn. Schließlich kann im Schlot Lava aufsteigen und am Fuß des Kegels ausfließen. Das ist z. B. am Westfuß des Mosenbergs zu beobachten. Wenn viel Lava aufdringt, kann sie den Kegel an einer Seite aufreißen, und es bleibt nur ein hufeisenförmiger Wall erhalten. Auch das ist in der Mosenberg-Gruppe zu beobachten: Der südlichste Kegel ist nach Süden durch den Lavastrom, der im Horngraben bis ins Tal der Kleinen Kyll geflossen ist, geöffnet worden. Ähnlich ist es beim Bausenberg im Laacher Vulkangebiet; hier schuf sich die Lava nur einen schmalen Durchlaß, deshalb blieb der so schön regelmäßige Ringwall fast ganz erhalten. Wenn mehr Lava ausfließt, bleiben manchmal nur noch einzelne Segmente des Kegels stehen, wie es beim Ettringer Bellberg nördlich von Mayen der Fall ist.

Der Vulkanismus schuf nicht nur Berge, sondern auch Hohlformen: Über durch Lava- und Gasausstoß entleerten Magmenkammern kann die Erdkruste zu großen rundlichen Depressionen einbrechen. Als besonders markante Beispiele können der Wehrer Kessel und das Laacher Becken in der Osteifel gelten. Im Laacher Becken öffnete sich schließlich ein Schlot, aus dem Bimstuffe ausgeworfen wurden, die das Neuwieder Becken und angrenzende Gebiete mit einer mehrere Meter dicken Tuffschicht bedeckten. Unmittelbar vorausgegangen waren Bimstuff-Eruptionen aus kleineren Schloten südlich des Laacher Beckens.

Die Maare

Die berühmtesten Vulkanformen der Eifel sind aber die Maare. Als Maare bezeichnet man seit Jahrhunderten im Rheinland Weiher oder zeitweilig feuchte Senken. In der Nordeifel ist „Maar" eine häufige Flurbezeichnung. So wurde der Name auch auf die kleinen Seen vulkanischen Ursprungs angewendet und von den Vulkanologen schließlich auf den ganzen Vulkantyp übertragen, unabhängig davon, ob die Hohlform einen See enthält oder nur Moore und Wiesen. Der vulkanologische Begriff Maar kennzeichnet Gasvulkane, die nur Tuffe und Schlacken gefördert haben und dadurch als ungefähr kreisrunde Trichter in die vorvulkanische Landoberfläche eingesenkt sind. Häufig sind sie von flachen Tuffwällen umgeben. Die Bildung der Maarkessel ist oft nicht nur durch Aussprengen entstanden (wie bei dem linken Beispiel in der Zeichnung S. 12 oben), sondern auch dadurch, daß in dem auf-

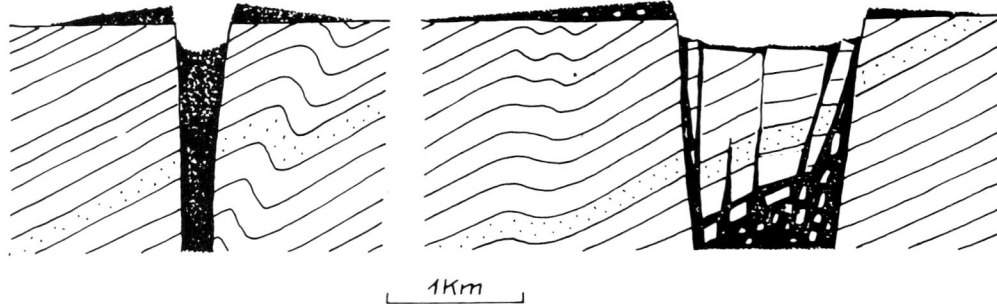

1 Km

Zwei Typen von Maaren: links ausschließlich durch die Förderung von Tuffen entstanden; rechts außerdem durch das Einbrechen von großen Nebengesteinsschollen gebildet.

steigenden Gasstrom große Schollen des Deckgebirges in die Tiefe sanken (rechtes Beispiel). So kommt es, daß bei manchen Maaren die Hohlform ein größeres Volumen hat als die ausgeworfene Tuffmenge. Die Maare der Eifel gelten in den Lehrbüchern der Geologie auf der ganzen Welt als die Musterbeispiele dieses Vulkantyps, da in den etwa 45 Eifelmaaren Beispiele für fast alle Spielarten dieser Vulkantätigkeit dokumentiert sind. Inzwischen werden auch in der englisch- und französischsprachigen Literatur solche Gasvulkane als „maars" bezeichnet.

An den Maarseen der Eifel hat der Biologe August THIENEMANN Anfang des Jahrhunderts Untersuchungen durchgeführt, die für unsere Kenntnisse der Lebensbedingungen in Binnengewässern große Bedeutung haben. Nach diesen klassischen Arbeiten unterscheidet man bei stehenden Gewässern die, welche reich an

mineralischen Nährsalzen sind (eutroph), und solche, die arm an diesen Nährstoffen sind (oligotroph).

Die Maarseen sind alle mehr oder weniger oligotroph, damit arm an Plankton und Wasserpflanzen und dementsprechend auch an Tieren. Besonders ausgeprägt ist diese Nährstoffarmut bei den tiefen trichterartigen Seen wie z.B. Pulvermaar und Weinfelder Maar.

Bei flacheren Maarseen (z.B. Schalkenmehren-West, Meerfeld) ist das Nährstoffangebot größer, es bilden sich Schwimmblattgesellschaften heraus sowie Verlandungsgürtel. Die meisten der nicht wassergefüllten Maare sind inzwischen durch menschliche Eingriffe zu Wiesenflächen geworden; bei vielen fand in den letzten Jahrhunderten mehrfach ein Wechsel zwischen Trockenlegung zur Torfgewinnung oder Wiesennutzung und Wiederaufstauen von Fischteichen statt. Wenn die natürliche Entwicklung nicht gestört wurde, ent-

Stratigraphische Übersicht. Die gerasterten Flächen stehen für Schichtlücken in der Eifel.

Formation	Abteilung und Stufe			
Quartär				
Tertiär				
Kreide	Oberkreide		Maastricht Santon	
	Unterkreide			
Jura	Malm			
	Dogger			
	Lias		Luxemburger Sandstein	
Trias	Keuper Muschelkalk/Muschelsandstein Buntsandstein			
Perm	Oberrotliegendes			
Karbon	Oberkarbon		Variszische Faltung	
	Unterkarbon (Kohlenkalk)			
Devon	Oberdevon			
	Mitteldevon	Oberes Mitteldevon (Givet-Stufe)		
		Unteres Mitteldevon (Eifelstufe, Couvin-Stufe)	/ Wissenbacher Schiefer	
	Unterdevon	Ems-Schichten	Oberems	Heisdorf-Schichten
				Wetteldorf-Schichten
				Wiltz-Schichten
				Ems-Quarzit
			Unterems	Klerf-Schichten
				Stadtfeld-Schichten
		Siegen-Schichten		Hunsrück-schiefer
		Gedinne-Schichten		
Silur		Kaledonische Faltung		
Ordovizium				
	Salm-Schichten			
Kambrium	Revin-Schichten Deville-Schichten			

standen hier Moore, wie z. B. im Dürren Maar nördlich von Holzmaar, wo sich ein noch wachsendes Hochmoor aufwölbt, oder wie beim östlichen Kessel des Schalkenmehrener Doppelmaars, wo sich ein Flachmoor entwickelte.

Das Rheintal
zwischen Bonn und Andernach
L 5308 Bonn,
L 5508 Bad Neuenahr–Ahrweiler,
L 5510 Neuwied

Den besten Überblick über den geologisch vielfältigen Ostrand der Eifel bekommt man von einem Rheindampfer aus, wobei die Richtung talaufwärts vorzuziehen ist, weil das Schiff dann langsamer fährt, so daß genügend Zeit zum Betrachten und Fotografieren bleibt. Es gibt die Möglichkeit, kombinierte Rückfahrkarten für Schiff und Bahn zu nehmen und mit der Eisenbahn zurückzufahren, wenn man Zeit sparen will. Wir wollen hier die Fahrt auf dem Rhein zwischen Bonn und Andernach beschreiben; es wäre töricht, sich dabei nur auf die Eifelseite zu beschränken, da auch das rechte Rheinufer eine Fülle interessanter geologischer Objekte präsentiert.
Von Bonn ab wird das Rheintal auf beiden Seiten von Höhen begrenzt, die etwa 80 m über dem Flußniveau von den Verebnungen der Hauptterrassen abgeschnitten werden. Die beiden Talflanken laufen allmählich zusam-

Das Poppelsdorfer Schloß in Bonn, in einem Botanischen Garten gelegen, enthält eine der reichsten Mineraliensammlungen Deutschlands.

14

men; das Bruchfeld der Niederrheinischen Bucht greift hier mit einer dreieckigen Senke, in der Bonn und Bad Godesberg liegen, in das Schiefergebirge hinein. Die Südspitze dieses Dreiecks liegt bei Mehlem; von hier ab ist das Tal enger. Die Landschaft wird außerdem bestimmt durch tertiäre Vulkane: auf der Eifelseite der Basaltkegel mit der Godesburg, auf der Westerwaldseite mehrere Basaltvorkommen bei Oberkassel (große Steinbrüche), dann das Siebengebirge mit Basalt-, Trachyt- und Latit-(Andesit-)Kuppen. Unmittelbar südlich von Mehlem auf der Hauptterrassen-Höhe der flache Tuffwall des quartären Rodderberg-Vulkans. Die Kuppe südlich davon, auf welcher der Rolandsbogen steht, ist wieder ein tertiäres Basaltvorkommen.

Unmittelbar südlich von Oberwinter ist die Verladestation der Kaolingrube Oedingen zu erkennen. Daran südlich anschließend (dort, wo die lange Straßenbrücke beginnt) ein zugewachsener Basaltsteinbruch: das Basaltvorkommen Unkelstein, das dadurch berühmt wurde, daß Alexander von HUMBOLDT hier im Basalt Tonablagerungen fand, was als Beweis für die Annahme angesehen wurde, daß Basalt sich aus Wasser abgesetzt hat (Neptunismus). Das inzwischen fast vollkommen abgebaute Vorkommen erstreckt sich bis in den Rhein hinein; bei extremem Niedrigwasser kommt dort eine Basaltklippe zum Vorschein.

Südlich von Unkel auf der rechten Rheinseite sind Sandsteine der Oberen Siegen-Schichten zu sehen, die einen Sattel mit langem flachem Südostflügel und kurzem steilem Nordwestflügel aufbauen. Diese Gesteine sind auch auf der Eifelseite bis Remagen zu sehen; sie fallen hier überwiegend steil nach Nordwesten ein. Gegenüber von Remagen der Basaltklotz der Erpeler Ley; die bei der Abkühlung entstandenen Säulen dieses Tertiärvulkans sind gut zu sehen. Zwischen Remagen und Bad Breisig weitet sich das Tal (Goldene Meile), wahrscheinlich ein kleiner tektonischer Graben. Das Mündungsgebiet der Ahr ist Naturschutzgebiet. Auf der Westerwaldseite bei Linz tertiäre Basaltkuppen.

Südlich von Sinzig Kiesgruben in den Schottern der Niederterrasse. Auf dem rechten Rheinufer werden in den Weinbergen zwischen Linz und Bad Hönningen Mittlere Siegen-Schichten sichtbar. In Bad Breisig und Bad Hönningen gibt es starke Kohlensäurequellen. Südlich von Bad Hönningen ist gegenüber der Mündung des Vinxtbachtales ein römischer Wachtturm rekonstruiert worden; hier begann der römische Limes (caput limitis). Zwischen Bad Breisig und Brohl quert eine große Sattelstruktur den Rhein, der Osteifeler Hauptsattel. In seinem Kern treten Untere Siegen-Schichten zutage; sie sind zwischen Vinxtbach- und Brohltal gut aufgeschlossen.

Im Brohltal ist ein Aschestrom aus dem jungquartären Laacher-See-Vulkan bis ins Rheintal geflossen. Er ist bis auf kleine Reste erodiert bzw. als „Traß" abgebaut worden. Knapp 2 km südlich der Mündung des Brohltales ist ein Basaltstrom bis auf die Mittelterrasse des Rheins gelangt, an der Bahnstrecke z. T. durch eine Mauer verdeckt; südlich davon ein Blockmeer. Dieser jungquartäre Fornicher

GODESBERG

MEHLEM

HONNEF

RHEIN-
BREITB...

...OW

Das Rheintal zwischen Bad Godesberg und Brohl. Orange: tertiäre Trachyte und Trachyttuffe; rotbraun: tertiäre Latite („Andesite"); schwarz: tertiäre Basalte; olivgrün: der quartäre Tuffvulkan Rodderberg. *ER* Erpel, *K* Königswinter, *OW* Oberwinter, *U* Unkel.

Lavastrom (nach dem durch Straßenbau vernichteten Ort Fornich) stammt von einer auf der Hochfläche gelegenen Ausbruchstelle, die als kleine Anhöhe sichtbar ist (Hohe Buche). Am Hammersteinfelsen auf der rechten Rheinseite sind die Sandsteinbänke zu einer Mulde gefaltet. Südlich vom Hammerstein quert eine große Überschiebung das Rheintal; an ihr verschwinden die sandigen Siegen-Schichten unter Hunsrückschiefer, der von hier ab die Hänge des Rheintales aufbaut (Steinbrüche südlich Leutesdorf und am Krahnenberg bei Andernach). Bei Andernach öffnet sich das Neuwieder Becken, das während des Tertiärs und Quartärs an Verwerfungen eingebrochen ist. Am Nordrand von Andernach steht am Rhein ein alter Kran, mit dem während mehrerer Jahrhunderte die Mühlsteine aus den Basaltlavabrüchen von Mayen und Mendig auf Schiffe verladen wurden.

Es empfiehlt sich, unabhängig von der Schiffsfahrt, einige Aufschlüsse in Nähe des Rheintals zu besuchen: so z. B. den quartären Tuffvulkan Rodderberg bei Bonn-Mehlem. Er bildet eine Tuffgrube, aus der ein Basaltgang aufragt; Löß liegt über und unter den Basalttuffen. Naturschutzgebiet: kein Gesteinsmaterial entnehmen, nichts abschlagen oder abgraben! Erklärungstafeln sind vorhanden. Auffahrt (werk-

Südlich von Bad Hönningen begann am Rhein der römische Limes; hier ist ein Wachtturm rekonstruiert worden.

Die Tuffgrube am Rodderberg bei Bonn-Mehlem wurde als geologisches Lehrobjekt eingerichtet. Im Hintergrund die Silhouette des Siebengebirges.

tags außer samstags erlaubt) oder Aufgang von der Straße Mehlem – Meckenheim aus. Südlich der Tuffgrube kann man auf den grasigen Wall hinaufsteigen und in den mit Löß gefüllten Krater hineinblicken, in dem sich Baumschulen und der Broichhof befinden. Zum Rolandsbogen geht man von hier eine knappe halbe Stunde.

Bei Oedingen werden die während des Mesozoikums und Alttertiärs unter feuchtwarmen Klimabedingungen kaolinisierten Devongesteine als Kaolin abgebaut. Zu Fuß vom Bahnhof Oberwinter eine gute Stunde; Zufahrt über Unkelbach, am südlichen Ortseingang von Oedingen rechts ab in den Wald. Grube nicht ohne Genehmigung betreten (es gibt dort nichts zu sammeln). Im Osten der Grube ein breiter Quarzgang.

Am südlichen Ortsausgang von Rheineck im Vinxtbachtal südlich Bad Breisig stehen in großen Steinbrüchen Untere Siegen-Schichten an. Die Tonschieferpakete sind reich an Pflanzenresten, am häufigsten ist *Taeniocrada decheniana* (GÖPPERT) KRÄUSEL & WEYLAND. Die Fauna ist artenarm: *Modiolopsis obliqueducta* A. FUCHS, *Rhenorensselaeria crassicosta* (KOCH), selten Fischreste. Die Schichten wur-

Bei Oedingen südlich von Bonn werden tiefgründig verwitterte Unterdevon-Schiefer zur Gewinnung von Kaolin abgebaut.

Acrospirifer primaevus (Steinkern, 4 cm), *Rhenorensselaeria sp.* Oberste Siegen-Schichten; Saxler.

Sprosse von Taeniocrada decheniana in Tonschiefer. Mittlere Siegen-Schichten (Schieferfolge); Kesseling. Länge des Stücks 15 cm.

Die Ahr hat sich zwischen Altenahr und Walporzheim in steilstehende Siegen-Schichten eingeschnitten. Burgruine Are östlich Altenahr.

den in Flachwasser nahe der Küste abgelagert, vielleicht schon unter brackischen oder gar limnischen Bedingungen.

Umgebung von Altenahr
L 5506 Bad Münstereifel,
L 5508 Bad Neuenahr–Ahrweiler

Die Umgebung von Altenahr ist wegen der felsigen, tief eingeschnittenen Flußlandschaft und einiger sehr instruktiver Faltenaufschlüsse reizvoll. Die harten, sandigen Tonschiefer, Bänderschiefer und Sandsteine der Mittleren Siegen-Schichten bilden hier den steilen Nordwestflügel eines riesigen Sattels. Dieser Steilflügel ist bei Altenahr etwa 2 km breit; die Ahr hat sich in dem schlingenreichen felsigen Abschnitt zwischen Altenahr und Walporzheim tief in ihn eingesägt.

Südlich von Altenahr bildet die Ahr eine besonders lange Flußschlinge, die Langfigtal genannt wird. An dem schmalen Felsgrat östlich Altenahr, durch den Eisenbahn- und Straßentunnel führen, wird die Schleife fast abgetrennt. Bei Hochwasser (Hochwassermarken am Ostende des Straßentunnels) nimmt der Fluß schon die Abkürzung durch den Tunnel. Der Fußweg durch das wildromantische Langfigtal ist sehr zu empfehlen. Er beginnt am Straßentunnel in Richtung Westen (links der Ahr); reine Gehzeit eine gute halbe Stunde. Gleich nach wenigen Metern stehen wir vor imposanten senkrechten Schichtflächen mit großen Querklüften (Engelsley). Wir sehen vom Weg auf die Schichtoberseiten, die bedeckt sind mit Rippelmarken und teilweise

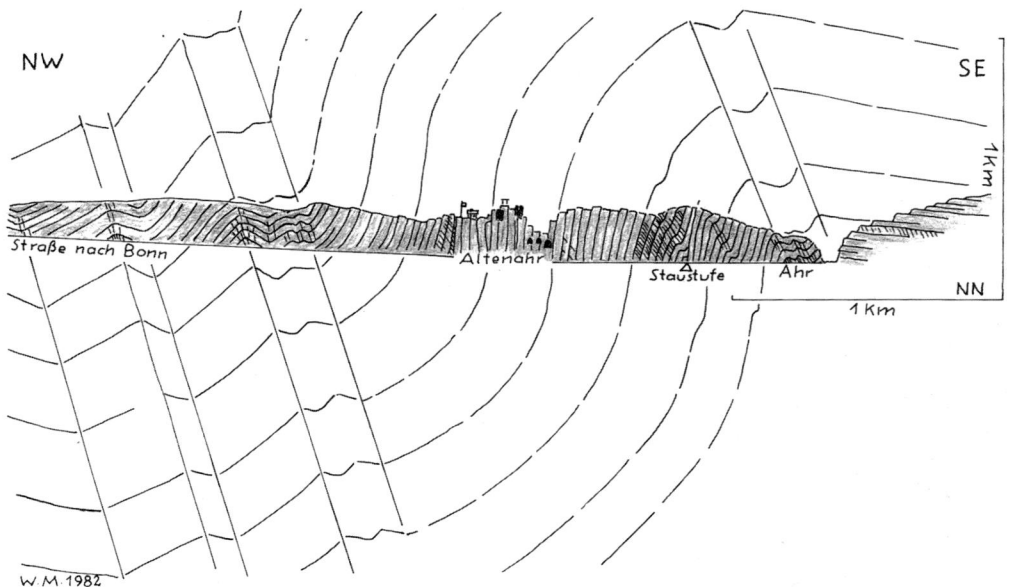

NW

SE

1 km

Straße nach Bonn

Altenahr

Staustufe

Ahr

NN

1 Km

W.M.1982

Profil durch den Ahrtalsattel bei Altenahr; am Nordwestrand nach Aufnahmen von G. HAHN. Der Faltenwurf ist nach oben und unten rekonstruiert worden.

auch mit Harnischen, deren Rutschstreifen dadurch entstanden, daß die einzelnen Bänke sich bei der Faltung gegeneinander bewegten wie die Seiten eines Buches, das man verbiegt. Nach rechts geht es über eine Brücke zur Jugendherberge; wir bleiben aber links. Gegenüber der kleinen Staustufe (auf der rechten Ahrseite steht die Jugendherberge) ein kleiner Steinbruch: hier fallen die Schichten flach nach Südosten ein; sie stoßen an der Südwand des Bruches an einer Störungsfläche gegen steil nach Nordwesten fallende Schichten. Wir ge-

hen weiter und schließlich über eine kleine Brücke. Links der Brücke neben dem Weg eine steil nach Nordwesten einfallende Schichtenfolge; rechts der Brücke biegt sie nach Südosten um, bildet also wieder einen Spezialsattel, dessen Umbiegung allerdings hier nicht aufgeschlossen ist. Neben dem Weg, der jetzt rechts der Ahr weiterführt, noch mehrere Aufschlüsse in nordwestfallenden Schichten. Hinter der Kläranlage über eine Brücke wieder zum Straßentunnel.

Eine sehr schöne Falte findet sich an der Nordwestecke eines kleinen Inselberges im Ortsteil Altenburg westlich Altenahr (Fußweg vom großen Parkplatz an der Seilbahn knapp 10 Minuten; über die Ahrbrücke, am Cam-

Die Ahr entspringt in einem Haus in Blankenheim.

In der Umgebung von Altenahr sieht man auf den steilstehenden Schichtflächen an vielen Stellen „Harnische", Flächen mit Schrammen und Streifen, die durch das Übereinandergleiten der Bänke bei der Faltung entstanden sind.

In Altenburg, einem Ortsteil von Altenahr, ist an der B 267 ein Sattel in Siegen-Schichten aufgeschlossen.

pingplatz vorbei, an der Kapelle wieder über die Ahr; oder entlang der Straße nach Adenau). Die Falte ist durch die Zeichnung und Beschreibung von Hans CLOOS (1950) weltberühmt geworden. Nichts davon abschlagen, sie steht unter Naturschutz! Der Inselberg bildet im ganzen eine Mulde. Er ist wegen seiner wärmeliebenden Pflanzenwelt auch bei den Botanikern berühmt; er enthält u. a. prächtige Bestände der Pfingstnelke (*Dianthus gratianopolitanus*).

Das Ahrtal
zwischen Altenahr und Mayschoß
L 5506 Bad Münstereifel,
L 5508 Bad Neuenahr–Ahrweiler

Von Altenahr geht man nach Osten durch den Straßentunnel; hinter dem Tunnel auf einer der beiden Brücken über die Ahr, dann auf dem Fußweg östlich der Ahr nach links (unter dem Eisenbahnviadukt hindurch). Rechts über Reimerzhoven die Felsgruppe Ravenley auf der gegenüberliegenden Talseite (am Fuß ein gleichnamiges Wirtshaus): innerhalb des steilen Nordwest-Flügels entwickelt sich eine Spezialfalte, hier noch wie eine Treppenstufe ausgebildet. Hinter der Ansiedlung Laach biegt die Ahr nach Südwesten aus und umfließt einen breiten Umlaufberg. Der gangförmige Schlot eines tertiären Basaltvulkans ist von der Verwitterung aus den weicheren Devonschiefern turmartig herauspräpariert worden; er trägt den Namen Kuckley. Für das Gestein, das petrographisch als Nephelin-Basanit zu bezeichnen ist, wurde radiometrisch nach der Kalium-Argon-Methode ein Alter von 46 $\pm$ 2 Millionen Jahren bestimmt (LIPPOLT & FUHRMANN 1980), d. h., der Vulkan ist während der

Die Ravenley bei Reimerzhoven. Sie wird von einem Sattel gebildet, der sich innerhalb des Nordwestflügels des Ahrtal-Sattels entwickelt.

Der Kuckstein bei Mayschoß im Ahrtal, ein von der Verwitterung herauspräparierter Basaltschlot.

S. 24/25:
Mayschoß im Ahrtal, Blick von Süden.

Eozänzeit aufgedrungen. Zu dieser Zeit war das Ahrtal noch nicht eingetieft, die Schmelze muß also im Niveau der Randhöhen des heutigen Tales damals an die Oberfläche gekommen sein, d. h. 200–250 m über dem heute aufgeschlossenen Schlotrest. Bei der Abkühlung und der damit verbundenen Schrumpfung des Gesteins bildeten sich Kontraktionsklüfte, die den Basalt in Säulen senkrecht zu den Rändern des Ganges zerlegten. Auf der nördlichen Seite des Straßendurchbruchs der Lochmühle (nördlich der Kuckley) liegt in einer Schichtfuge der Unterdevon-Gesteine ein weiterer, weniger als einen Meter breiter Basaltgang. Er ist früher offenbar abgebaut worden, daher nur noch in Resten in einer Spalte vorhanden; der untere Teil ist vermauert.

In Mayschoß sind am Westhang der Saffenburg die Mittleren Siegen-Schichten steil nach Südosten einfallend, also überkippt im Nordwestflügel des Ahrtalsattels liegend, aufgeschlossen. Von Mayschoß aus kann man auf dem Rotwein-Wanderweg, der sich nördlich vom Tal in der Höhe entlangzieht, nach Altenahr zurückgehen (ca. 3,5 km); ins Zentrum von Altenahr kann man über die Burg Are links hinabsteigen. Wer einen ganzen Tag zur Verfügung hat, kann auch von Mayschoß aus dem Rotwein-Wanderweg weiter abwärts bis Walporzheim oder Ahrweiler folgen. Das Ahrtal bis Altenahr ist von Remagen aus mit der Bahn überall gut zu erreichen.

Das mittlere Ahrtal ist bei Botanikern wegen der wärmeliebenden Flora berühmt, die die Felsen besiedelt: Pfingstnelke *(Dianthus gratianopolitanus).*

Das Ahrtal bei Insul und Schuld
L 5506 Bad Münstereifel

Schuld ist vom Bahnhof Dümpelfeld auf einem 4 km langen Fußweg zu erreichen (am besten auf der Nordseite der Ahr, um die stark befahrene Straße zu vermeiden; in Dümpelfeld die Ahr überqueren), aber auch durch Omnibuslinien. Westlich von Insul liegt ein Umlaufberg, umgeben von einer ehemaligen Ahrschlinge. Auf dem Umlaufberg, der sog. Alten Burg, bestand eine keltische Fliehburg, auch aus der Römerzeit fanden sich Siedlungsspuren. Wer die Straße Dümpelfeld – Schuld benutzt, sollte sich die Felsterrasse (Parkplatz) nördlich vom Umlaufberg ansehen. Hier führte früher die Straße durch einen steilen Hohlweg zur Ahr hinab und in einer Furt auf das andere Ufer (das „Prümer Tor", weil früher die Winzer auf dieser Straße ihren Tribut an Weinfässern zum Kloster Prüm schafften). Der heutige Straßenverlauf bis Schuld ist erst durch umfangreiche Sprengarbeiten ermöglicht worden.

Schuld ist unter Geologen berühmt, weil hier der Mäanderbogen der Ahr mehrere Profilanschnitte durch eine stark nordwestvergente Falte freigelegt hat, an denen Hans CLOOS (1950) wichtige Beobachtungen zur Mechanik der Faltenbildung machen konnte. Die Mulde ist aufgeschlossen am Westhang des Weilskopfes; man kann sie am besten aus der Entfernung überblicken, wenn man auf den Umlaufberg, auf dem das Dorf steht, hinaufgeht (die Straße geht zwischen den beiden Gasthöfen gegenüber der Kirche nach Norden ab). Sie tritt auch am Südhang der Branderhardt zuta-

Obere Siegen-Schichten westlich von Schuld. Örtlich werden die Gesteinsbänke von kleinen Verwerfungen durchzogen, die als scharfe Schnitte sichtbar werden (hier von rechts oben nach links unten; die Schichtung ist horizontal gelagert).

ge, an der Straße von Schuld nach Westen (gegenüber der Brücke). Der Sattel ist nur schlecht aufgeschlossen, im Steilhang an der Ahr unterhalb (östlich) des Hotels „Zur Linde", und stark überwachsen.

Weitere Falten zeigt das Blockbild. Einen gut aufgeschlossenen nordwestvergenten (d. h. mit langem flachem Südostflügel und steilem kur-

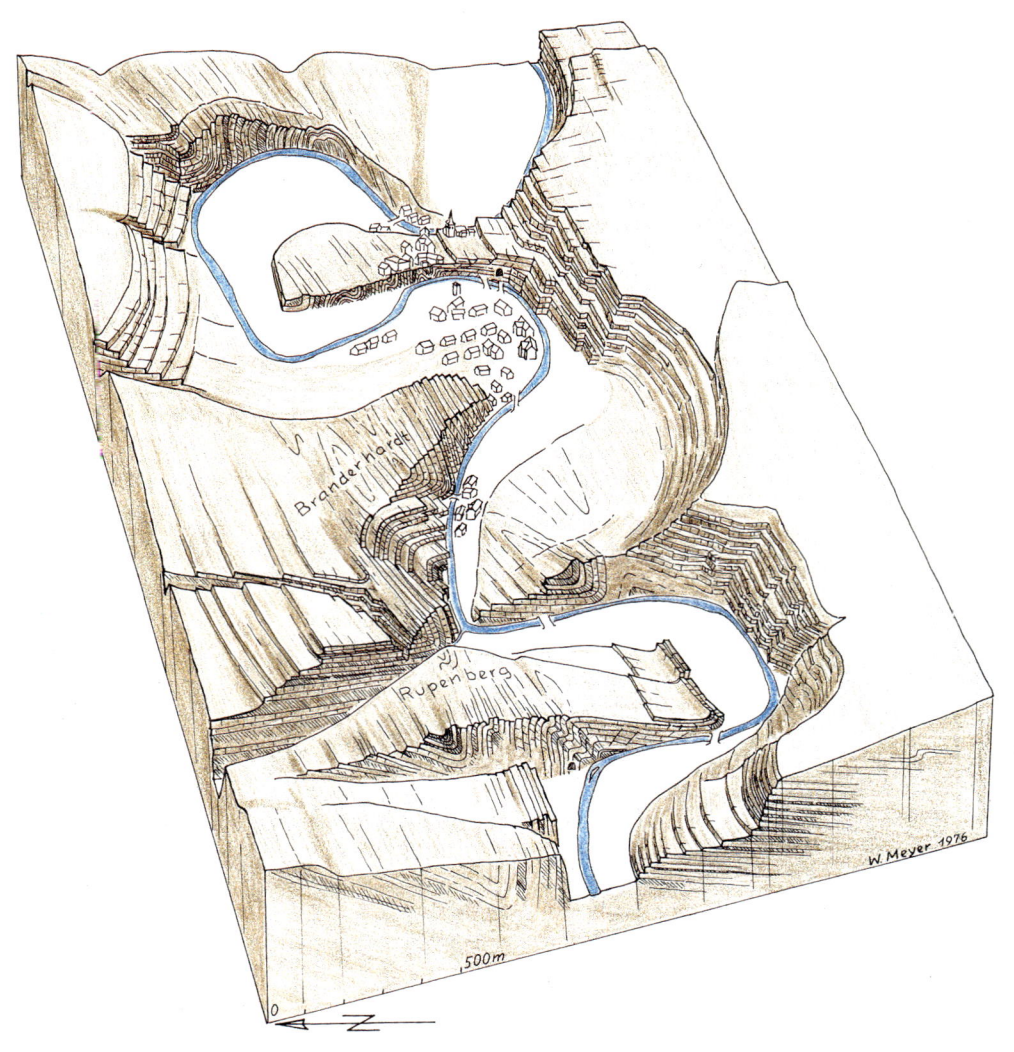

Blockbild der Umgebung von Schuld an der Ahr.

Westlich von Schuld, gegenüber der Ahrbrücke an der Straße nach Fuchshofen, bilden am Südhang der Branderhardt die Sandsteine der Oberen Siegen-Schichten eine große Mulde.

Der steilstehende Südostflügel der Mulde.

zem Nordwestflügel versehene) Sattel mit nördlich vorgelagerter Mulde kann man am Westhang des Rupenberges beobachten (ca. 1 km westlich Schuld, hinter der Ahrbrücke nördlich vom Campingplatz nach Norden in die Felder abbiegen). Die Gesteine im Raum Schuld gehören zu den Oberen Siegen-Schichten.

Das Brohltal
L 5508 Bad Neuenahr–Ahrweiler,
L 5510 Neuwied

Vom Bahnhof Brohl aus lassen sich in nicht einmal einem Tag (5–6 Stunden) die ältesten Unterdevon-Gesteine und die jüngsten vulkanischen Ablagerungen der Osteifel „erwandern".
Am Eingang ins Brohltal finden sich links neben der Straße, am Abhang des Dicktbergs, Gesteine des Unter-Siegens im Südflügel des Osteifeler Hauptsattels. Sie enthalten in den dunklen Tonschiefern Lagen, die reich an Pflanzenresten sind (vor allem *Taeniocrada decheniana* (GÖPPERT) KRÄUSEL & WEYLAND).

S. 30/31:
Alter Traß-Steinbruch im Brohltal.

Das Brohltal ist bis zu einer Höhe von 60 m von einem Aschestrom, der dem Laacher-See-Vulkan entstammt, ausgefüllt worden. Von seinen Tuffen, die hier Trass genannt werden, sind nur noch einige Reste erhalten geblieben.

Das zeigt einen flachen, landnahen Ablagerungsraum an; vollmarine Fossilien fehlen. Die dünnschalige Muschel *Modiolopsis obliqueducta* A. FUCHS, die sich verstreut in den Pflanzenschiefern findet, hat vielleicht an den tangartigen Pflanzen angeheftet gelebt. Etwa 1 km hinter Brohl geht dort, wo das Tal einen steilen Felsrücken, der wegen der vielen Schichtstufen Himmelsleiter genannt wird, in einem scharfen Bogen südlich umfließt, nach links ein breiter Weg allmählich den Hang hinauf. Er führt an der Südseite des Brohltales entlang und ins Pönterbachtal hinein bis zum Tönnissteiner Sprudel (von Brohl knapp 4 km). Die Unterdevon-Gesteine am Wege gehören zu den Mittleren Siegen-Schichten in der Südflanke des Osteifeler Hauptsattels. Durch das Brohltal ist vor etwa 11 000 Jahren, also am Ende des Eiszeitalters, ein heißer Aschestrom bis ins Rheintal geflossen. Die Glutwolken, aus denen sich die Aschen abgesetzt haben, sind aus einem Schlot im Becken des Laacher Sees ausgestoßen worden, entstammen also dem Vulkan, der die mächtigen Laacher Bimstuffe gefördert hat (vgl. S. 40). Der Aschestrom ist durch das Gleeser und Wassenacher Tal nach Norden abgeflossen und hat das Brohltal stellenweise bis zu einer Höhe von 60 m über der Talsohle mit Asche ausgegossen. Die Ablagerung dieser als Traß bezeichneten feinkörnigen Tuffe wurde oft unterbrochen durch die Anlieferung von mächtigen, hauptsächlich aus Schieferstücken bestehenden Schottern. Der Ausstoß der heißen Tuffwolken hat damals in der Atmosphäre heftige Gewitter mit Wolkenbrüchen ausgelöst, die die Bäche anschwellen ließen.

Der Traß läßt sich zur Herstellung von hydraulischem Zement verwenden, einem Zement also, der unter Wasser abbindet. Er wurde deshalb im Brohltal seit mehreren Jahrhunderten abgebaut, zuerst von Holländern, die ihn für Hafenbauten brauchten. Heute sind nur noch einige Reste von durch Bacheinschwemmungen verunreinigtem Traß stehengeblieben. Der Traß ist aus dem Brohltal auch in den unteren Teil des Tönnissteiner Tals gelangt und steht hier nördlich vom Werksgelände des Tönnissteiner Sprudels an.

Im Tälchen links vor dem Werk kann man nach Osten zur Hohen Buche aufsteigen. In dem Waldgelände gibt es viele Wege und Abzweigungen, so daß ohne genaue Karte die Richtung schwer einzuhalten ist. Die Höhe 318, die nach einer riesigen Buche, von der Alter und Wetter nur noch einen breiten Stumpf übriggelassen haben, als „Hohe Buche" bezeichnet wird, stellt den Rest eines quartären Basaltvulkans dar, von dem zwei Lavaströme ausgegangen sind; einer ist bis ins Rheintal geflossen. Dieses war damals schon bis ins Niveau der jüngeren Mittelterrasse oder einer älteren Niederterrasse eingetieft, also bis etwa in das Niveau, auf dem heute die Eisenbahntrasse angelegt ist. Wenn man über den Alkerhof den Fahrweg hinabgeht, kreuzt man mehrmals den Lavastrom, der sich im Rheintal auf 300 m verbreitert hat. Die Lava enthält viele Blasen, in denen u. a. Epidotnadeln auskristallisierten. Im Rheintal kann man zum Bahnhof Brohl zurückkehren.

Der Laacher See
L 5508 Bad Neuenahr–Ahrweiler

Eine Wanderung um den Laacher See kann von den Parkplätzen am Kloster Maria Laach oder am Hotel Waldfrieden ausgehen. An beiden Plätzen finden sich auch Haltestellen für Omnibuslinien, die die Verbindung zu den Eisenbahnstrecken bei Andernach, Brohl oder Mendig herstellen. Der Weg um den See ist 8–9 km lang.

Der komplexe Kessel ist vulkanologisch gesehen kein Maar, wie oft behauptet wird. Denn es handelt sich um eine große Einbruchsstruktur, die vielleicht über entleerten Magmenkammern eingesunken ist. Von den umgebenden Basaltvulkanen sind Lavaströme in dieses caldera-artige Becken geflossen. Lange nach den Einbruchsvorgängen öffnete sich im Nordteil des Beckens ein Schlot, der große Mengen Bimstuff auswarf. Dadurch wurden die benachbarten Vulkanberge, das Neuwieder Becken und seine Umgebung mit einer mehrere Meter mächtigen Bimstuffdecke überzogen.

1959 war das Wasser des Laacher Sees noch klar. Weiße Seerose *(Nymphaea alba)*.

Das zentrale Laacher Vulkangebiet. *B* Brohl, *K* Kell, *M* Mendig, *N* Nickenich, *Ni* Niederzissen, *W* Wassenach; *1* Bausenberg, *2* Herchenberg, *3* Steinbergskopf (tertiärer Basalt), *4* Kahlenberg (tertiärer Basalt, quartärer Bimsvulkan), *5* Leilenkopf, *6* Fornicher Kopf (Hohe Buche), *7* Lummerfeld und Kunkskopf, *8* Dachsbusch, *9* Wehrer Kessel, *10* Veitskopf, *11* Laacher Kopf, *12* Rother Berg, *13* Thelenberg, *14* Wingertsberg, *15* Krufter Ofen, *16* Alte Burg, *17* Nickenicher Weinberg, *18* Nickenicher Hummerich, *19* Nastberg, *20* Laacher See.

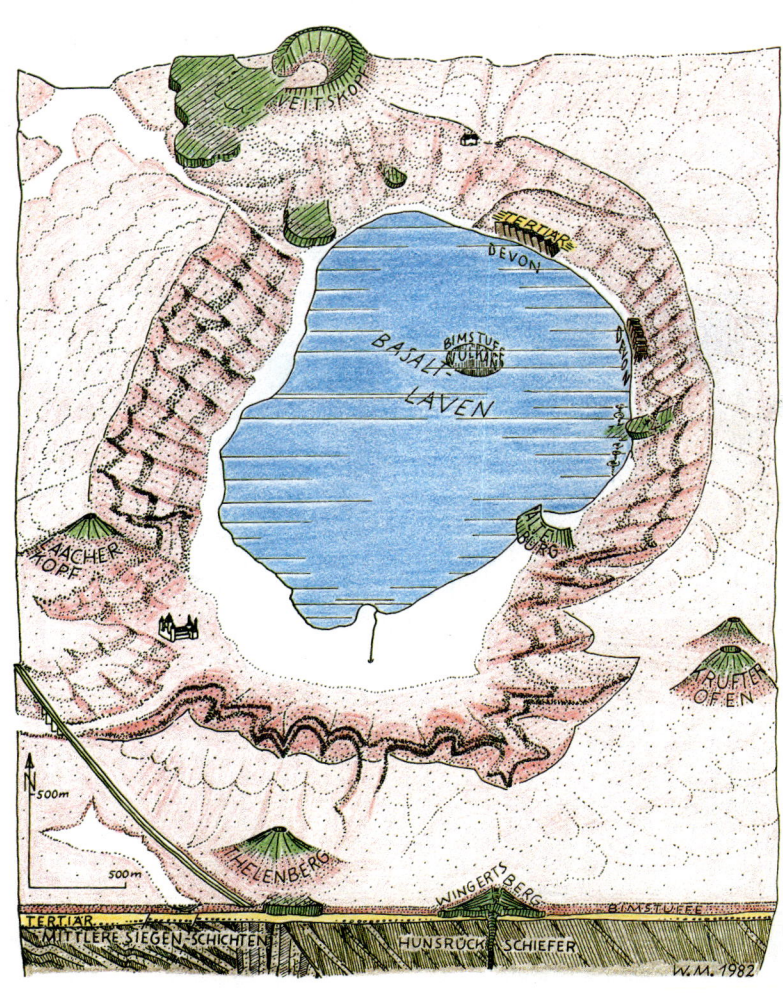

Der Laacher See und seine Umwallung. Zur topographischen Orientierung sind die Abteikirche, das Hotel „Waldfrieden" und die Autobahn eingezeichnet.

S. 36/37:
Der Laacher See. Im Hintergrund das Rheintal, zu erkennen am aufsteigenden Dunst. (Freigegeben vom Reg.-Präs. Düsseldorf, Nr. 23/57/452)

35

Die Eruptionen waren so heftig, daß feineres Material in der höheren Atmosphäre durch Luftströmungen nach Nordosten mindestens bis zur Insel Rügen, nach Süden bis in die Gegend von Grenoble verfrachtet wurde, wo es

Schon 1970 war der See durch die wegen des zunehmenden Fremdenverkehrs vermehrt anfallenden Abwässer überdüngt (eutroph). Algenmatten um Stengel von Tannenwedel *(Hippuris vulgaris)* und Gelber Teichrose *(Nuphar lutea)* im Laacher Mühlenteich.

sich in Form von dünnen Tuffbändern in Hochmoorablagerungen findet. Der Mensch dürfte Zeuge dieser Katastrophe gewesen sein, die sich vor etwa 11 000 Jahren ereignet haben muß; unter dem Laacher Bims wurde vor kur-

zem in Feldkirchen-Gönnersdorf (nordwestlich von Neuwied) ein altsteinzeitlicher Siedlungsplatz ausgegraben. Er wurde nicht von den Bimstuffen verschüttet, sondern aus anderen Gründen aufgegeben, denn zwischen der Siedlungsschicht und dem Bimstuff findet sich eine Lößschicht. Die Funde sind u.a. im Kreismuseum Neuwied und im Mittelrhein-Museum auf dem Ehrenbreitstein bei Koblenz ausgestellt. Im Mittelrhein-Museum wird auch die Geschichte der Bimsbaustein-Industrie dargestellt. Die Produktion geht jetzt wegen Erschöpfung der Vorräte zurück. Der Bimstuff wurde gesiebt und zusammen mit zementartigen Bindemitteln in Formen gefüllt. Er erhärtete an der Luft; die Steine wurden als Schwemmsteine bezeichnet.

Die Ostseite des Laacher Sees zwischen dem Hotel Waldfrieden und dem Kloster ist für eine Wanderung besonders interessant (gut 5 km). Vom Parkplatz am Hotel Waldfrieden aus führt der Weg zuerst an Anrissen der Grauen Bimstuffe vorbei (dort, wo man zuerst einen Ausblick auf den See mit Hochstein und Hochsimmer und dem Dorf Bell im Hintergrund hat). Die Grauen Laacher Bimstuffe sind zuletzt gefördert worden; sie sind reich an Schieferstücken und deshalb für die Bausteinfabrikation nicht geeignet. Sie überlagern die Weißen Laacher Bimstuffe, die hauptsächlich aus trachytischen Bimskörnern bestehen.

Etwa 1 km vom Parkplatz entfernt erreicht man nahe dem Ufer einen langen Unterdevon-Aufschluß mit Sandsteinen und Schiefern der Mittleren Siegen-Schichten; die Innenwand des Kessels tritt hier also zutage. Darauf liegen Quarzkiese und graue Tone des Tertiärs (wahrscheinlich Oligozän). Nach einigen hundert Metern ist ein zweiter Unterdevon-Aufschluß sichtbar.

Gut 2 km vom Hotel Waldfrieden entfernt überquert der Weg einen Lavastrom, der bis unter den Seespiegel reicht. Diese durch Felsen und viele Blöcke gekennzeichnete Stelle ist der Lorenzfelsen. Die Lava ist ein Leucit-Nephelinit. Am Weg vom Waldfrieden zum Lorenzfelsen fielen schon vereinzelte kubikmetergroße Basaltblöcke auf. Sie sind Fragmente von Lavaströmen, die den Boden des Kessels bedecken und von den Bimstuff-Eruptionen durchschlagen wurden. Ein Teil dieser ausgeschleuderten Basaltblöcke enthält große Augitkristalle und zentimetergroße Biotittafeln (z. T. als Rubellan).

Nord- und Ostufer sind auffällig in mehrere Uferterrassen gegliedert. Sie zeigen frühere Wasserstände des Sees an. Um das Kloster gegen Hochwasser zu schützen und Land zu gewinnen, wurde der Wasserspiegel mit Stollen durch die niedrigen Randhügel im Süden zweimal abgesenkt, in den Jahren 1152–1177 um ca. 5 m und zwischen 1842 und 1845 um 6 m. Auf den Uferterrassen und in dem flachen Gelände südlich des Sees läuft man also auf al-

Die Grauen Laacher Bimstuffe zeigen durch vulkanische Gase entstandene Dünenstrukturen (an der Straße von Maria Laach nach Glees).

Die Löcher im Eis des zugefrorenen Laacher Sees zeigen Kohlensäurequellen an (Ostufer).

ten Seeablagerungen, in denen sich stellenweise Schalen der Schnecke *Bithynia tuberculata* L. finden.

Am Lorenzfelsen und in seiner Umgebung tritt nahe dem Ufer unter Wasser Kohlendioxid aus. Die perlenden Gasblasen sind besonders bei ruhigem Wasserspiegel gut zu sehen und zu hören; im Winter bleiben über den Gasaustritten kreisrunde Löcher im Eis offen. Der Streifen, innerhalb dessen das Kohlendioxid ausströmt, ist einige hundert Meter lang.

Etwa 500 m südlich des Lorenzfelsens sind Wände mit stark verfestigtem Tuff aufgeschlossen. Während der Eruption der Bimstuffe quollen mehrfach Aschewolken aus dem Schlot und lagerten feinen Tuff ab, der später verfestigte, so daß auch er als Baustein verwendet werden konnte. Auf ähnliche Ascheströme geht der Traß des Brohltals zurück (vgl. S. 32).

Die kleine Halbinsel, die im Südosten in den See hineinragt, ist Teil eines Basaltschlakken-Kegels, der bis unter den Seespiegel hinabreicht. Die Stelle heißt Alte Burg; hier stand einst die Burg des Pfalzgrafen Heinrich, des Gründers des Klosters. In einem Steinbruch sind die roten Schlacken aufgeschlossen, mit einigen kleinen blauen Lavalagen, die wohl aus größeren herausgeworfenen Lavatropfen entstanden. Die Schlacken- und Lavaschichten fallen nach Südosten ein; der Rücken der Al-

Die Abteikirche Maria Laach ist aus den vulkanischen Gesteinen der Umgebung erbaut worden (u. a. gelber Phonolith-Tuffstein und Basaltlava), die Dächer sind mit Hunsrückschiefer gedeckt.

ten Burg bildet also den Südostteil des Kegels eines Schichtvulkans, dessen nördliche und westliche Teile durch die Bimseruptionen offenbar weggesprengt wurden oder in den riesigen Krater hineinglitten. Die Schlacken des Steinbruchs werden rechts überlagert von Löß und den Weißen Laacher Bimstuffen. Der Löß dürfte in der letzten Eiszeit (der Würm-Kaltzeit) abgelagert worden sein. Der Vulkan saß einem Niveau auf, das tiefer liegt als der heutige Seespiegel. Daraus wie aus der Tatsache, daß die Lava des Lorenzfelsens auch in dieses Niveau hinabreicht, muß der Schluß gezogen werden, daß das Laacher Becken schon vor den Bimseruptionen bestanden hat, also nicht eine durch die Tuff-Förderung entstandene maarähnliche Senke, sondern eine calderaähnliche Einbruchsstruktur ist.

Etwa 300 m südlich der Alten Burg findet sich, schon außerhalb des Waldes links neben dem Fahrweg, eine Grube in Weißen Laacher Bimstuffen. In den Trachytbomben sind glasklare Sanidinkristalle und Einsprenglinge des tiefblauen Hauyn häufig. Es finden sich neben Auswürflingen aus devonischen und vordevonischen Gesteinen auch Basalte und Bomben aus Sanidinit, einem in der Hitze der Magmenherde entstandenen Gestein, das fast ganz aus Sanidin besteht.

Am weiteren Weg zum Kloster ist nach gut einem Kilometer rechts der Abflußgraben des im vorigen Jahrhundert getriebenen Stollens, der unter dem Fahrweg hindurchgeht, zu sehen. Er mündet südlich der Randberge in Teiche östlich der Straße Maria Laach – Mendig und versorgt die Laacher Mühle mit Wasser.

Links vom Weg in den Obstplantagen lag das heute verschüttete Mundloch des mittelalterlichen Abzugsstollens.

Beim Bau der Klosterkirche sind viele der heimischen vulkanischen Bausteine verwendet worden, wobei deren Farbunterschiede bewußt zur Auflockerung der Architektur eingesetzt wurden: Der gelbliche Stein ist phonolithischer (selbergitischer) Tuff aus dem Westen des Laacher Vulkangebietes; er wird abgesetzt gegen schwarze Basaltlava vom Typ Niedermendig oder Mayen. Die Dächer sind mit dem Dachschiefer der Mayener Umgebung gedeckt (Hunsrückschiefer, Unterdevon). Das Material der dunklen Säulen des Paradies kommt allerdings von weither, es ist karbonischer Kalk aus den nördlichen Ardennen; Korallenquerschnitte sind sichtbar. Das Seehotel ist mit rötlichem Tuffstein aus Tuffbrüchen östlich des Sees verkleidet; nicht sicher ist, ob der Tuff aus dem Laacher Bimsvulkan stammt oder ob er älter ist. Die riesige Basaltbombe am Zugang zu Kloster und Hotel ist aus einem Bimsschlot südlich des Laacher Sees ausgeworfen worden. Der Förderung der Laacher Bimstuffe gingen Tufferuptionen aus mehreren Schloten südlich des Laacher Sees voraus.

Am Weg vom Kloster zum Hotel Waldfrieden ist oberhalb vom Beginn des Campingplatzes an einem Parkplatz, wenige Meter über dem Seespiegel, Basaltlava aufgeschlossen. Es handelt sich um Nephelin-Leucit-Basanit-Lava, die dem Veitskopf entstammt – auch ein Zeichen dafür, daß hier schon ein Becken bestand, bevor die Bimstuff-Eruptionen erfolgten. Der Spiegel des Sees liegt heute 276 m über NN;

die tiefste Stelle mit 51 m Wassertiefe liegt im Norden des Sees.

Hochsimmer und Bellerberg bei Mayen
L 5708 Mayen

Nördlich von Mayen liegen zwei Basaltvulkane mit ausgedehnten Lavaströmen: Hochsimmer und Ettringer Bellerberg mit Büden. Sie sind von Mayen aus zu Fuß zu erreichen; man verläßt die Stadt auf der Straße nach Bürresheim, hinter dem Bahnviadukt links an den Sportplätzen vorbei. Nach einer kurzen Schleife in das Eiterbachtal hinein führt der Weg am westlichen Hang des Nettetals nach Schloß Bürresheim (ca. 4,5 km). Vom Weg aus sieht man auf der anderen Talseite Steinbrüche im Basaltlavastrom des Hochsimmer; deutlich zu erkennen sind die bei der Abkühlung entstandenen dicken Pfeiler und dünneren Säulen. Der Lavastrom floß in einem Vorläufertal des Nettetals; das Tal mußte sich danach 80 m tief bis zu seiner heutigen Lage einschneiden, der Vulkan ist demnach relativ alt.
Wir überqueren die Nette an der Hammesmühle; nach wenigen Metern auf der Landstraße stehen wir vor dem Schloß Bürresheim. Eine Besichtigung lohnt sich, da es eine der wenigen noch unzerstörten rheinischen Burgen darstellt und auch noch viel von der ursprünglichen Inneneinrichtung präsentiert. Die Burg ist über steilstehenden Sandsteinen und Tonschiefern der Oberen Siegen-Schichten auf einem von der Nette und der hier einmündenden Nitz umflossenen Felssporn erbaut.

Etwa 200 m von Bürresheim netteaufwärts führt nach rechts ein breiter Fahrweg zum 150 m höher gelegenen Dorf St. Johann (2 km). Man kann auch einen Abstecher zu den Halden der ehemaligen Erzgrube Silbersand (Bleiglanz, Zinkblende, Kupferkies, Eisenspat) machen; sie liegt 1 km talaufwärts an der westlichen Talseite. Die Fundaussichten in dem z. T. stark zerkleinerten Haldenmaterial sind aber gering.
In St. Johann steht man auf dem Lavastrom des Hochsimmer, des höchsten Berges des quartären Laacher Vulkangebietes (583 m), der einen nach Süden geöffneten Schlackenkegel darstellt. Eine Besteigung ist auf mehreren Wegen möglich (Aussichtsturm, weite Fernsicht ringsum).
Über Ettringen geht es weiter zum Ettringer Bellerberg, einem Schlackenkegel, der durch nach Norden und Süden ausfließende Lava so stark zerstört wurde, daß nur zwei Segmente übrigblieben: im Westen der Ettringer Bellerberg, im Osten der Kottenheimer Büden. Wir gehen von Ettringen auf der Straße nach Mayen ca. 500 m nach Süden. Dort, wo die tiefen Steinbrüche neben der Straße beginnen, führt nach links ein Weg auf den Ettringer Bellerberg hinauf. Der Aufstieg ist sehr zu empfehlen, denn der halbmondförmige Schlackenwall mit regelmäßig aufsteigender Kegelfläche und steil abfallender Innenseite ist einer der eindrucksvollsten Eifelvulkane.

S. 44/45:
Schloß Bürresheim im Nettetal.

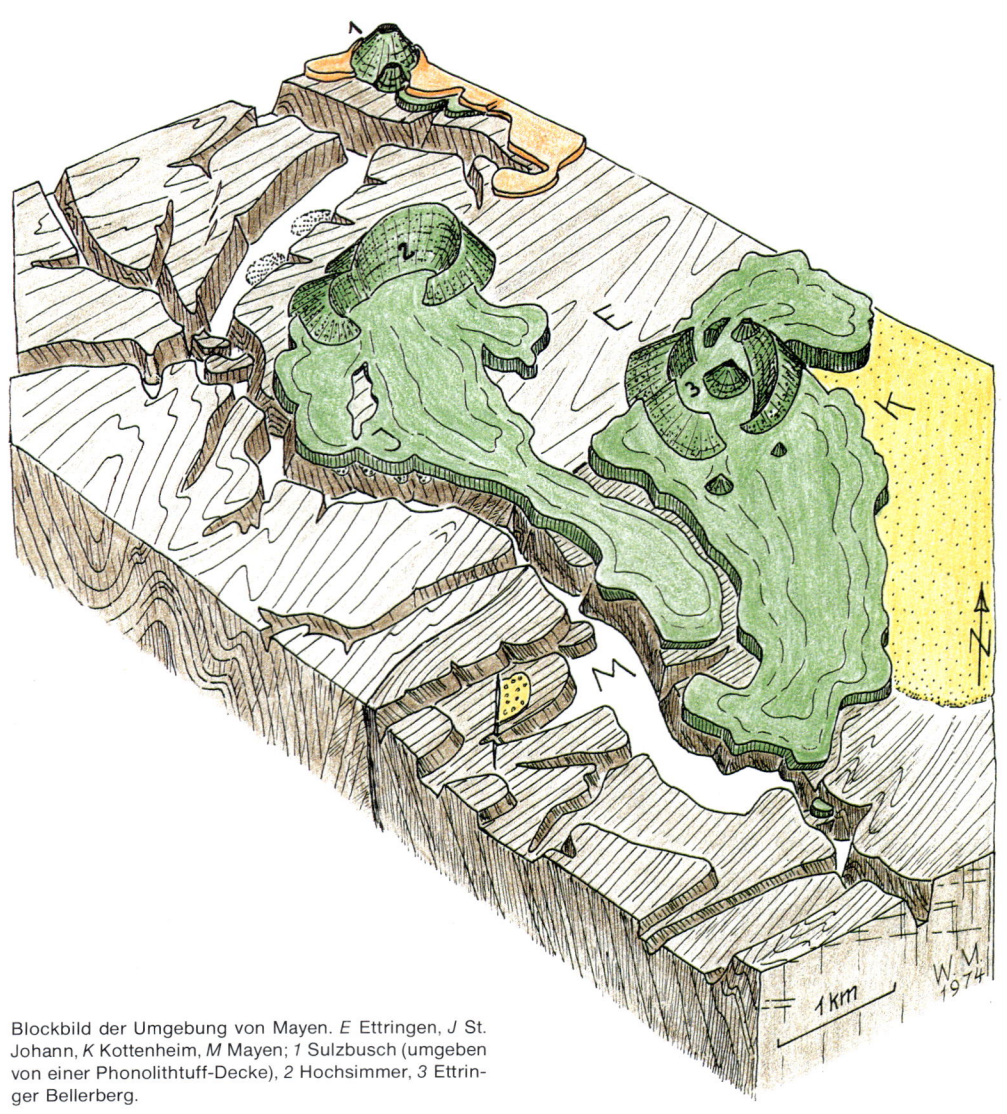

Blockbild der Umgebung von Mayen. *E* Ettringen, *J* St. Johann, *K* Kottenheim, *M* Mayen; *1* Sulzbusch (umgeben von einer Phonolithtuff-Decke), *2* Hochsimmer, *3* Ettringer Bellerberg.

1 km

W.M. 1974

Da die durch viele Gasblasen poröse Lava des Bellerberg-Vulkans sich gut behauen läßt, gegen Verwitterung aber sehr widerstandsfähig ist, stellt sie einen idealen Werkstoff dar. Das Vorkommen ist schon in vorgeschichtlicher Zeit abgebaut worden. Zuerst wurden aus der Lava Mahlsteine (Reibsteine) hergestellt, die in Europa durch den Handel weite Verbreitung fanden, in der Bronzezeit u. a. bis nach England, in der Römerzeit bis in den Donauraum, im Frühmittelalter bis in die Ukraine. Die Abbaumethoden blieben von der Römerzeit bis gegen Ausgang des vorigen Jahrhunderts gleich, erst Preßluftbohrer und elektrische Kräne brachten wesentliche Änderungen. Das Material begünstigte auch die Bildhauertätigkeit, einige hundert, z. T. vielleicht 1000 Jahre alte Wege- und Grabkreuze in der Osteifel zeugen von dieser Steinmetzkunst. Mühlsteine bildeten bis vor wenigen Jahrzehnten die wichtigsten Produkte. In Andernach wurden sie auf Schiffe verladen und weit exportiert; der kräftige alte Kran steht dort noch am Rheinufer. Die Mühlsteine aus Lava sind inzwischen durch Stahlwalzen abgelöst worden. Der Abbau im Mayener Grubenfeld ruht deshalb, und die tiefen Steinbrüche sind verlassen. Zur Geschichte dieser über 2000 Jahre alten Steinbruchstätigkeit stellt das Eifeler Landschaftsmuseum auf der Genovevaburg in

Die verlassenen Steinbrüche in der Ettringer Basaltlava (Mayener Grubenfeld).

47

Mayen viel Material aus; es zeigt u. a. auch eine geologisch-mineralogische Sammlung.

Die Steinbrüche zeigen, daß der 15–20 m dicke Lavastrom in 3 m dicke Pfeiler (sog. „Schienen") gegliedert ist; sie sind durch Kontraktion während der Erstarrung entstanden. Die Stirn dieses Lavastroms liegt südlich von Mayen nur 8–10 m über der heutigen Talsohle des Nettetals; der Vulkan ist also wesentlich jünger als der Hochsimmer-Vulkan. Die Ettringer oder, wie sie meist genannt wird, Mayener Lava ist petrographisch als Leucit-Tephrit, die des Hochsimmer als Nephelin-Leucitit zu bezeichnen.

Gut 1 km nördlich von Ettringen liegt der basaltische Tuff- und Schlackenkegel des Hoch-stein. Von ihm floß ein Lavastrom bis Thür. An der Nordostseite des Berges gibt es noch verlassene Lavabrüche; in den Schlacken in den oberen Partien des Berges finden sich Höhlen. Der Sage nach hat sich hier Genoveva mit ihrem Sohn Schmerzensreich aufgehalten, nachdem sie aus der heimatlichen Burg verstoßen worden war. Östlich der Straße Ettringen – Bell sind schwarze Lapillituffe am Südfuß des Berges aufgeschlossen, hier findet man u. a. große Biotittafeln. In Gruben auf der anderen Seite der Straße wechsellagern diese Basalttuffe mit hellen Selbergit-(Phonolith-)Tuffen, die wohl aus dem Tuffgebiet im Norden (Roderhöfe, Bell, Rieden) stammen.

Der Gänsehals bei Bell
L 5508 Bad Neuenahr–Ahrweiler,
L 5708 Mayen

Bei guten Fernsicht-Bedingungen lohnt ein Gang auf den Gänsehalsrücken, der aus Selbergit-(Phonolith-)Tuffen aufgebaut wird. Von hier, noch besser vom Aussichtsturm aus (wenn er geöffnet ist), hat man eine prächtige Rundsicht: nach Norden bzw. Nordosten über den Laacher See und seine Randberge bis zum Siebengebirge, bei extrem klarer Sicht sogar bis zum Kölner Dom; nach Süden und Osten über die Mayen-Ettringer Vulkane und das Neuwieder Becken bis zu den Westerwald- und Hunsrückhöhen; nach Westen bis zum tertiären Hocheifel-Vulkangebiet (Hohe Acht). Fußweg von den Tuffgruben am Südwestfuß des Hochstein über Roderhöfe (südwestlich davon Abbau von Selbergit-Tuffen), etwas

Linke Spalte von oben nach unten:

Bleiglanz. Erzbergwerk Bendisberg bei Virneburg; 7 cm.

Abdruck eines Buchsbaumzweiges *(Buxus sempervirens)* in pleistozänem Selbergittuff. Bell, Laacher Vulkangebiet. Länge des Stücks 7 cm.

Aus dem Untergrund hochgeschlepptes Gneisstück in der pleistozänen Basaltlava des Ettringer Bellerberges, Mayener Grubenfeld; 22 cm.

Rechte Spalte von oben nach unten:

Homalonotus sp. (Schwanzschild); 6 cm. Obere Siegen-Schichten; Stuxley bei Unkel.

Stringocephalus burtini, Leitfossil für die Givet-Stufe des Mitteldevons. 6 cm.

Zoophycos eifliense, spiralförmige Fraßgänge von unbekannten Tieren. Unterems-Schichten, östlich von Meerfeld; Durchmesser 10 cm.

Abbau der Selbergittuffe bei den Roderhöfen nördlich von Ettringen.

nen guten Einblick in die Geologie der Osteifel. Die Strecke ist stark befahren; deshalb gelten die folgenden Hinweise leider nur den Beifahrern im Personenwagen oder den Fahrgästen in einem Omnibus, die Fahrer können sich ein Abschweifen des Blickes von der Fahrbahn nicht leisten.

Fahrtrichtung Süden (Koblenz, Mainz): Zwischen Rheinbach und dem Meckenheimer Kreuz verläuft die Autobahn in einem kleinen Tertiärgraben, einem Ausläufer der Niederrheinischen Bucht. An der rechten Seite eines der nördlichsten Tertiärbasalt-Vorkommen des Rheinlandes, der Tomberg mit dem Turm der Ruine Tomburg. Links vom Meckenheimer Kreuz sind nahe der Burg Münchhausen die hellen Halden der Tongrube Adendorf (Miozän) sichtbar, unmittelbar vor der Ab-

Linke Spalte von oben nach unten:

Bimstuffe bei Niedermendig.

Bei Gönnersdorf nordwestlich von Neuwied wurde unter den Laacher Bimstuffen ein altsteinzeitlicher Siedlungsplatz ausgegraben. Die Stelle ist hier für die Grabungskampagne 1974 vorbereitet; nur wenige Dezimeter Löß bedecken noch die Fundschicht.

Rechte Spalte von oben nach unten:

Der Wingertsberg südlich des Laacher Sees ist durch den Bimsabbau schon fast völlig abgetragen.

Der tertiäre Vulkan Dungkopf nordwestlich von Remagen (Tuffe und Basaltlava).

Beim Erkalten schrumpft die Basaltlava. Dadurch bilden sich senkrecht zur Abkühlungsfläche Klüfte, die das Gestein in sechseckige Säulen zerlegen (Dungkopf).

über 3 km; von Bell aus 2,5 km; vom Stumpfen Kreuz (Straße Rieden – Weibern, Höhe 500 bei alten Gruben in Riedener Selbergit-Tuffen) 2 km.

Geologie beiderseits der Autobahn zwischen Meckenheimer Kreuz und Mosel

Eine Fahrt auf der Autobahn Krefeld – Ludwigshafen gibt zwischen dem Meckenheimer Kreuz und der Moselbrücke bei Winningen ei-

zweigung nach Bad Neuenahr-Ahrweiler rechts die Tongrube Ringen (Oligozän – Miozän). Im Autobahneinschnitt hinter dieser Abzweigung sind oft Rutschungen zu beobachten; hier liegen durch tropische Verwitterungsprozesse vollkommen zersetzte und gebleichte Devon-Schiefer unter tertiären Kiesen und Tonen.

An der Autobahnbrücke über das Ahrtal links der tertiäre Basaltstock der Landskrone, rechts unter der Brücke die Fabrik der Mineralquelle Apollinaris. Bei der Weiterfahrt sind links im Hintergrund die Basaltkuppen des nördlichen Westerwaldes auf der anderen Seite des Rheintales zu sehen.

Vor der Brücke über das Vinxtbachtal werden in der Ferne die quartären Vulkane des Laacher-See-Gebietes sichtbar, etwa in Fahrtrichtung z. B. der nach rechts abfallende Veitskopf. Nach Überqueren der Vinxtbachtalbrücke liegt der nach Norden geöffnete Basalt-Schlackenwall des Bausenbergs vor uns. Unmittelbar vor der Ausfahrt Niederzissen durchschneidet die Autobahn den Lavastrom, der vom Bausenberg bis ins Vinxtbachtal bei Gönnersdorf geflossen ist. Er hat dabei ein altes Tälchen benutzt; seine Basisfläche steigt im Querschnitt nach beiden Seiten an, das ist bei der Durchfahrt deutlich zu sehen. Bevor die Hänge des Einschnittes begrünt waren, konnte man unter der Lava noch Bachschotter finden. Von der Brohltalbrücke aus sind rechts die

Basaltabbau bei Hoffeld.

Vulkane des oberen Brohltals zu sehen: rechts hinten die bewaldete Kuppe des Perlerkopfes (Leucitophyr), weiter vorn die Phonolithkuppe der Olbrück (mit Burgruine). In Fahrtrichtung rechts der Gänsehalsrücken (Sendeturm), der aus mächtigen Selbergit-Tuffen aufgebaut wird. 3 km hinter der Brohltalbrücke wird rechts das längliche vulkanische Einbruchsbecken des Wehrer Kessels sichtbar, die Autobahn verläuft an seinem Ostrand. Der Ort Wehr liegt an seiner Südseite. Links sind jetzt auch die bewaldeten Randhöhen des Laacher Seebeckens zu sehen. Hinter der Ausfahrt Wehr treten sie mit dem flachen Tuffvulkan Laacher Kopf dicht an die Autobahn heran. Rechts der durch Abbau stark zerstörte zusammengesetzte Tuffvulkan Rother Berg. Wenige hundert Meter hinter der höchsten Stelle der Autobahn wird ein Tälchen auf einer großen Brücke überquert; es mündet nahe dem Kloster in das Laacher Becken. Den Laacher See sieht man für einen Augenblick links halb-rückwärts. Rechts das Dorf Bell vor der Kulisse der Basaltvulkane Hochstein und Hochsimmer. Kurz nach der Talbrücke auf beiden Seiten Parkplätze; hier sind ehemals mit Pferden (Göpel) oder Strom betriebene Winden aufgestellt, mit denen die Basaltwerkstücke aus den tiefen Steinbrüchen von Mayen und Mendig heraufgezogen wurden. Rechts ein Blick in das Neuwieder Becken, in das wir jetzt hinunterfahren. Hinter der Ausfahrt Mendig links Bimstuffanschnitte. Knapp 2 km hinter der Ausfahrt durchschneidet die Autobahn einen der Basaltlavaströme, die von den Randbergen des Laacher Kessels in das Neuwieder Becken hinabgeflossen sind. Hinter der Ausfahrt Kruft rechts der Basalttuffvulkan Plaidter Hummerich, der z. Z. durch Abbau zerstört wird; an seiner Ostflanke (Parkplatz) ist Lava ausgeflossen. Kurz vor der Ausfahrt Plaidt überquert die Autobahn das Nettetal, das tief in die Hunsrückschiefer eingeschnitten ist; rechts die Burgruine Wernerseck. Danach sind rechts mehrere, z. T. durch Tuffgruben angeschnittene Tuffkegel sichtbar; es ist die Vulkangruppe der Wannen- und Eiterköpfe, von der ausgedehnte Lavaströme ausgegangen sind. Ein markanter bewaldeter Kegel im Hintergrund ist der Basalt-Tuff- und Schlackenkegel des Karmelenbergs; er stellt den südöstlichen Eckpfeiler des Laacher Vulkanfeldes dar. Nach links Ausblicke in das Neuwieder Becken, dessen tektonisch tiefste Stelle dort liegt, wo der Kühlturm des Kraftwerks Kärlich zu sehen ist.

Vom Parkplatz vor der Moselbrücke Winningen hat man einen großartigen Blick in das tief eingeschnittene Moseltal. Wir stehen im Niveau der Hauptterrasse, die auf der Hunsrückseite als weite Fläche sichtbar ist. Am Parkplatz auf der Ostseite der Autobahn (Fahrt-

Blockbild des zentralen Neuwieder Beckens. G Feldkirchen-Gönnersdorf, Ir Irlich, K Kell, M Miesenheim, N Nikkenich, O Ochtendung, Pl Plaidt, S Saffig, W Welling; 1 Nickenicher Hummerich mit dem Andernacher Lavastrom, 2 Nastberg, 3 Heidekopf und Rother Berg, 4 Eppelsberg, 5 Nickenicher Weinberg, 6 Unterer Niedermendiger Lavastrom, 7 Plaidter Hummerich, 8 Kollert, 9 Korretsberg, 10 Tönchesberg, 11 Reifenacker, 12 Eiterköpfe mit Michelberg, 13 Wannenköpfe, 14 Bimsvulkan Frauenkirch, 15 Karmelenberg mit Schweinskopf und Oberholz-Vulkangruppe, 16 Nettetal-Traß.

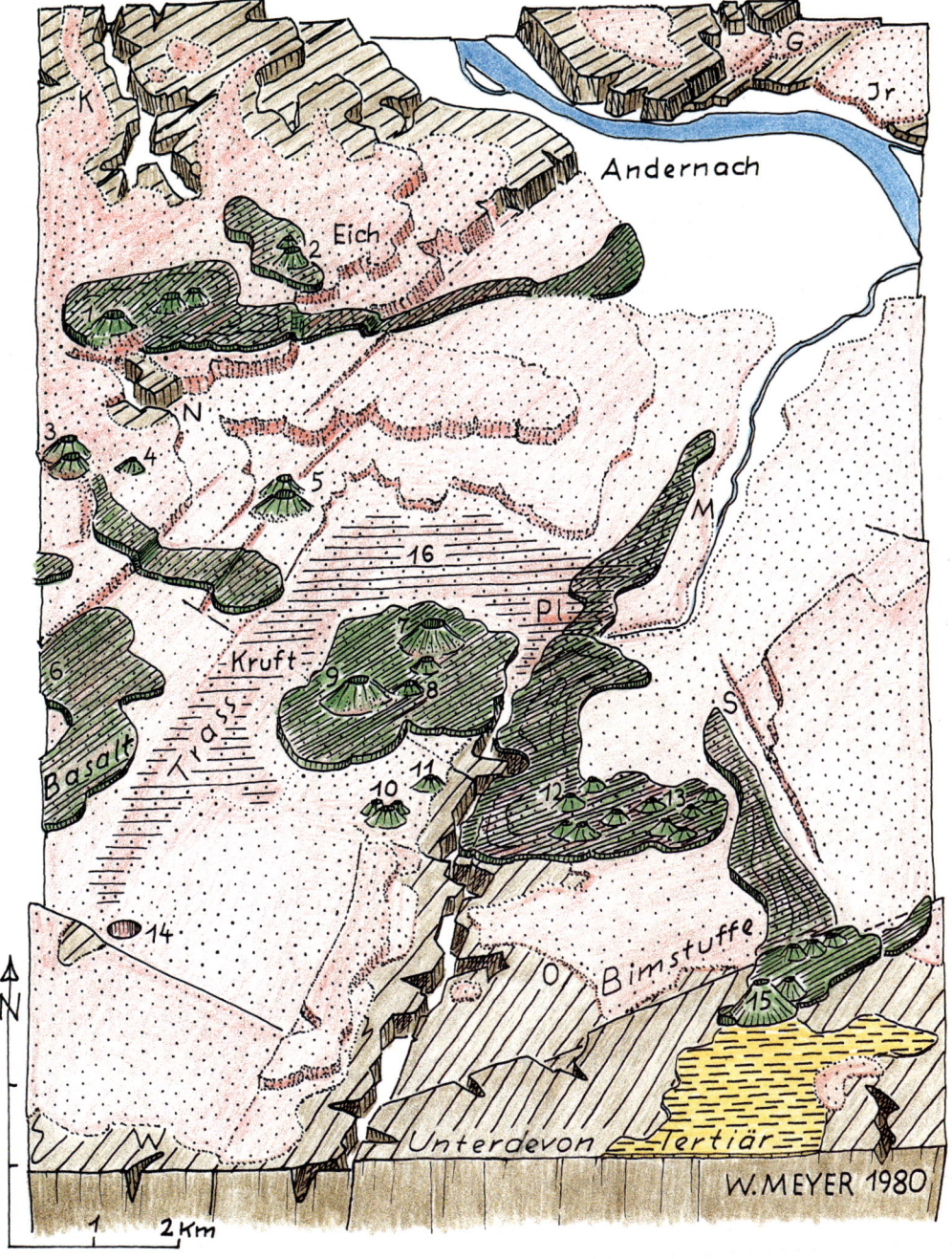

richtung Köln) sind die Grundmauern einer römischen Villa, die hier hoch über dem Moseltal stand, ausgegraben und konserviert worden.

Fahrtrichtung Norden (Köln): Für Einzelheiten sei auf die vorangegangene Schilderung verwiesen. Bei Annäherung an das Autobahnkreuz links der Karmelenberg, rechts das Neuwieder Becken. Dann links die Wannen- und Eiterköpfe; vor uns der Plaidter Hummerich, den Hintergrund bilden die Randberge des Laacher Kessels, welche das Becken abschließen. Hinter der Ausfahrt Plaidt wird das Nettetal überquert, links die Burgruine Wernerseck. Danach der stark abgebaute Plaidter Hummerich. Hinter der Ausfahrt Kruft Durchquerung eines Basaltlavastroms. Vor der Ausfahrt Mendig rechts Aufschlüsse in Bimstuffen. Nach der Ausfahrt Mendig auf beiden Seiten Parkplätze mit Winden. Beim Aufstieg aus dem Neuwieder Becken, wenige hundert Meter hinter den Parkplätzen, ist für

Am Westhang des Schlackenkegels Dachsbusch, zwischen Glees und Wehr, sind rötliche Basalttuffe zu einer großen Falte umgebogen worden; während einer pleistozänen Kaltzeit tauten die obersten Schichten auf und rutschten über ständig gefrorenem Boden hangabwärts. Darüber liegen zunächst ein dünnes Lößband und dann Bimstuffe, die aus dem Wehrer Kessel stammen.

Das tertiäre Vulkanmassiv des Siebengebirges; davor auf der Trachytkuppe von Berkum der Schutzdom einer Radarantenne.

Blick vom Michelsberg über das Erfttal in die Nordeifel.

einen Augenblick der Laacher See zu sehen. An der höchsten Stelle der Autobahn rechts der Laacher Kopf, links der Rothe Berg. Hinter der Ausfahrt Wehr links der Wehrer Kessel, rechts der Veitskopf und nördlich davon der Rest des fast ganz abgebauten Kunkskopfs (Basalt-Schlackenkegel); in Fahrtrichtung dicht rechts neben der Autobahn der Basalt-Schlackenkegel Dachsbusch. Im Hintergrund rechts sind die tertiären Basaltkuppen des nördlichen Westerwaldes sichtbar bis hin zum Siebengebirge. Links die Phonolithkuppe der Olbrück (Burgruine). Gute Aussicht auf die Vulkane des Brohltales von der Raststätte aus. In Fahrtrichtung links neben der Autobahn der Bausenberg. Hinter der Brohltal-Brücke wird dessen Lavastrom durchquert. Etwa 3 km hinter der Vinxtbachtal-Brücke öffnet sich eine weite Aussicht nach rechts: beiderseits des Rheintales und an der unteren Ahr die Hauptterrassenflächen, hinten die tertiären Basalte des nördlichen Westerwaldes und die Trachyte, Latite und Basalte des Siebengebirges. In Fahrtrichtung der Basalt der Landskrone und hinten der Ballon, der eine Radioteleskop-Antenne schützt; er steht an dem tertiären Trachytvorkommen von Berkum. Hinter der Talbrücke Bengen im Einschnitt Rutschungen in verwitterten Unterdevon-Schichten und tertiären Kiesen und Tonen. Hinter dem Einschnitt links die Grube Ringen (tertiäre Tone). Danach in Fahrtrichtung der Tertiärbasalt Tomberg mit Burgruine. Beim Verlassen des Einschnittes vor dem Meckenheimer Kreuz rechts die Halden der Tongrube Adendorf (Miozän).

Tertiäre Vulkane des Nürburggebietes
L 5706 Adenau, L 5708 Mayen

Der Schwerpunkt des tertiären Vulkanfeldes der Eifel liegt im Gebiet zwischen Kelberg und Adenau, also in der weiteren Umgebung des Nürburgrings. Es überwiegen Basaltkuppen ohne große Ausdehnung; Lavaströme fehlen im Gegensatz zu den quartären Vulkanen. Tuffe sind auch nicht sehr verbreitet und meist

Der tertiäre Vulkan Aremberg liegt vollkommen isoliert nordwestlich des Hocheifel-Vulkanfeldes.

nur auf die Schlotwände beschränkt. In der ganzen Eifel gibt es etwa 300 einzelne Tertiärvulkane. Nichtbasaltische Eruptivgesteine (im wesentlichen Andesite und Trachyte) sind im tertiären Vulkanfeld der Hocheifel beschränkt

auf ein längliches, in Nord-Süd-Richtung ge-
strecktes Areal etwa zwischen den Orten
Quiddelbach und Mosbruch.

Die im folgenden beschriebene Rundwande-
rung kann man am besten in Nürburg (Parkplätze, Hotels) beginnen. Der Selberg bei
Quiddelbach besteht aus einem hellen, in dicke
Pfeiler gegliederten Gestein, das früher als
Phonolith bezeichnet wurde; der moderne pe-
trographische Name ist Analcim-Alkali-Tra-
chyt. Es enthält zentimeterlange Hornblende-
nadeln.

Einen Kilometer östlich vom Selberg erhebt
sich die Kuppe mit der Nürburg; sie besteht aus
einem Basanit. Vom Turm der Burg überblickt
man einen Großteil des tertiären Vulkangebietes bis zum vollkommen isolierten Aremberg
im Nordwesten; im Nordosten der Basaltkegel
der Hohen Acht (Aussichtsturm), der höchste
Berg der Eifel (747 m); im Osten sieht man die
drei quartären Basaltkuppen Sulzbusch,
Hochstein und Hochsimmer, die zum Laacher
Vulkangebiet gehören. Der Berg im Süden mit
dem hohen Mast ist der tertiäre Basalt des
Hochkelbergs; im Westen die Kuppen der
quartären Westeifel-Vulkankette im Hintergrund.

Von der Nürburg nach Südosten, auf der An-
toniusbrücke über den Nürburgring bis an die
Straße Meuspath – Welcherath. Auf dieser re-

Blick von Tondorf auf das tertiäre Vulkanfeld der Hocheifel: rechts der Aremberg, links hinten die Hohe Acht. Im
Vordergrund die fruchtbare Blankenheimer Kalkmulde,
dahinter die bewaldeten Unterdevon-Flächen.

lativ einsamen Straße geht man gut einen Kilometer bis zur tiefsten Stelle; dort, wo die Straße den Kirsbach überquert, liegen östlich von ihr alte Steinbrüche in einem tertiären Andesit, der reich an basischen Einschlüssen ist. Das Gestein muß schon vor Jahrtausenden abgebaut worden sein, denn auf der anderen Straßenseite liegt nördlich der Steinbrüche ein viereckiger Wall, der aus Andesitbrocken aufgeschüttet wurde. Diese sogenannte Kasselsburg ist wahrscheinlich ein römisches Kastell, das eine hier vorbeiführende Straße schützen sollte.

Weiter über Welcherath nach Reimerath (2,5 km). Südlich von Reimerath in Hügeln ein ausgedehntes tertiäres Trachyt-Vorkommen. Das Gestein mit den großen Sanidinkristallen ähnelt dem des Drachenfels im Siebengebirge, das u. a. zum Bau des Kölner Doms verwendet wurde. Da das Siebengebirge inzwischen Naturschutzgebiet geworden war, wurde vor einigen Jahren für Ausbesserungsarbeiten am Dom das Material aus Reimerath verwendet. 1 km südwestlich von Reimerath liegt westlich der Straße das Gewaderköpfchen, ein kugeliges, in Säulen gegliedertes tertiäres Basaltvorkommen mit etwas Tuff an seinen Rändern. Von hier in nordwestlicher Richtung nach Müllenbach, teilweise auf der Kohlstraße (auf der früher die Holzkohlen aus den Eifelwäldern ins Niederrheingebiet geschafft wurden). Östlich von Müllenbach liegt innerhalb der Südschleife des Nürburgrings der Bocksberg, der aus einem tertiären Andesit besteht. Das Gestein ist reich an basischen Schollen aus Hornblende. Auch finden sich aus dem Untergrund hochgeschleppte, stark angeschmolzene Gneisschollen. Von hier aus gehen mehrere Waldwege in Richtung Nürburg (3–4 km).

Quartäre Maare
südlich des Nürburggebietes
L 5706 Adenau, L 5708 Mayen

Die östlichsten Eruptionspunkte des quartären Vulkanfeldes der Westeifel liegen in der Nähe des Nürburggebietes. Die Areale des tertiären und quartären Vulkanismus sind also hier miteinander verzahnt.

Reichlich 2 km östlich von Reimerath liegt das quartäre Doppelmaar von Boos, in dessen westlichem Kessel Fischteiche aufgestaut wurden. Die Maare haben reichlich Tuffe gefördert, die durch einige Gruben nahe der Straße Mayen – Kelberg und an der Ostseite des östlichen Kessels aufgeschlossen sind. Die Basaltbomben enthalten durch Hitze veränderte Bruchstücke von Schiefern und Sandsteinen und oft walnußgroße Olivinnester.

Wenig Tuffe finden sich am Mosbrucher Maar, das unmittelbar südlich des tertiären Basaltvorkommens des Hochkelberg eingesenkt ist. Das Ulmener Maar wieder hat viel Tuffe gefördert. An der Kirche und am Parkplatz nördlich des Maars sind sie angeschnitten. Der Tuffwall, auf dem heute die Autobahn verläuft, hat das von Norden her kommende Tal aufgestaut; dadurch entstand der flache Ulmener Weiher (Jungfernweiher). Seine breiten Schilfgürtel bieten vielen durchziehenden Sumpf- und Wasservögeln einen Rastplatz.

Mechernich – Breitenbenden – Vussem
L 5504 Schleiden, L 5506 Bad Münstereifel

Von Mechernich nach Breitenbenden; ca. 1 km vom Bahnhof entfernt hinter den letzten Häusern (Vierwege) rechts neben der Straße Haldengelände, das auf Abbau und Verhüttung der Bleiglanz-Zinkblende-Vererzungen im Buntsandstein zurückgeht. Die an Blei- und Zinkverbindungen reichen Böden werden von den meisten Pflanzen gemieden. Wenige Arten ertragen die Schwermetallgehalte; hier sind es vor allem die rosablühende Galmei-Grasnelke *(Armeria maritima ssp. calaminaria)* und das weiße Taubenkropf-Leimkraut *(Silene vulgaris var. humilis)*. Vorkommen dieser Arten können Hinweise auf Schwermetall-Konzentrationen im Boden an alten Hüttenplätzen und Ausbissen von Lagerstätten geben.

In Breitenbenden östlich der Straße Mittlerer Buntsandstein, dessen rote Farbe zum größten Teil schon ausgelaugt ist. Wir biegen vor der Kapelle nach links in die Münstereifeler Straße ein. Etwa 350 m hinter der Straßengabel geht nach rechts ein asphaltierter Fahrweg ab. Hier wie auch an der Straße ist die römische Wasserleitung angeschnitten, die das von den Römern bevorzugte kalkhaltige Wasser aus der Sötenicher Kalkmulde in einem 90 km langen, gedeckten Kanal nach Köln (Colonia Claudia Ara Agrippinensis) leitete. Dieses Bauwerk stellt eine großartige Ingenieurleistung dar, denn der Kanal mußte bis kurz vor Köln ein gleichmäßig schwaches Gefälle haben. Die Wasserleitung läuft also etwa entlang den Iso-

Ganz oben:
Olivinbombe mit basaltischer Kruste. Westliches Booser Maar; 7 cm.

Bleiglanzvererzung im Konglomerat des Mittleren Buntsandsteins aus dem ehemaligen Tagebau Maubach (bei Düren). Länge des Stücks 15 cm.

61

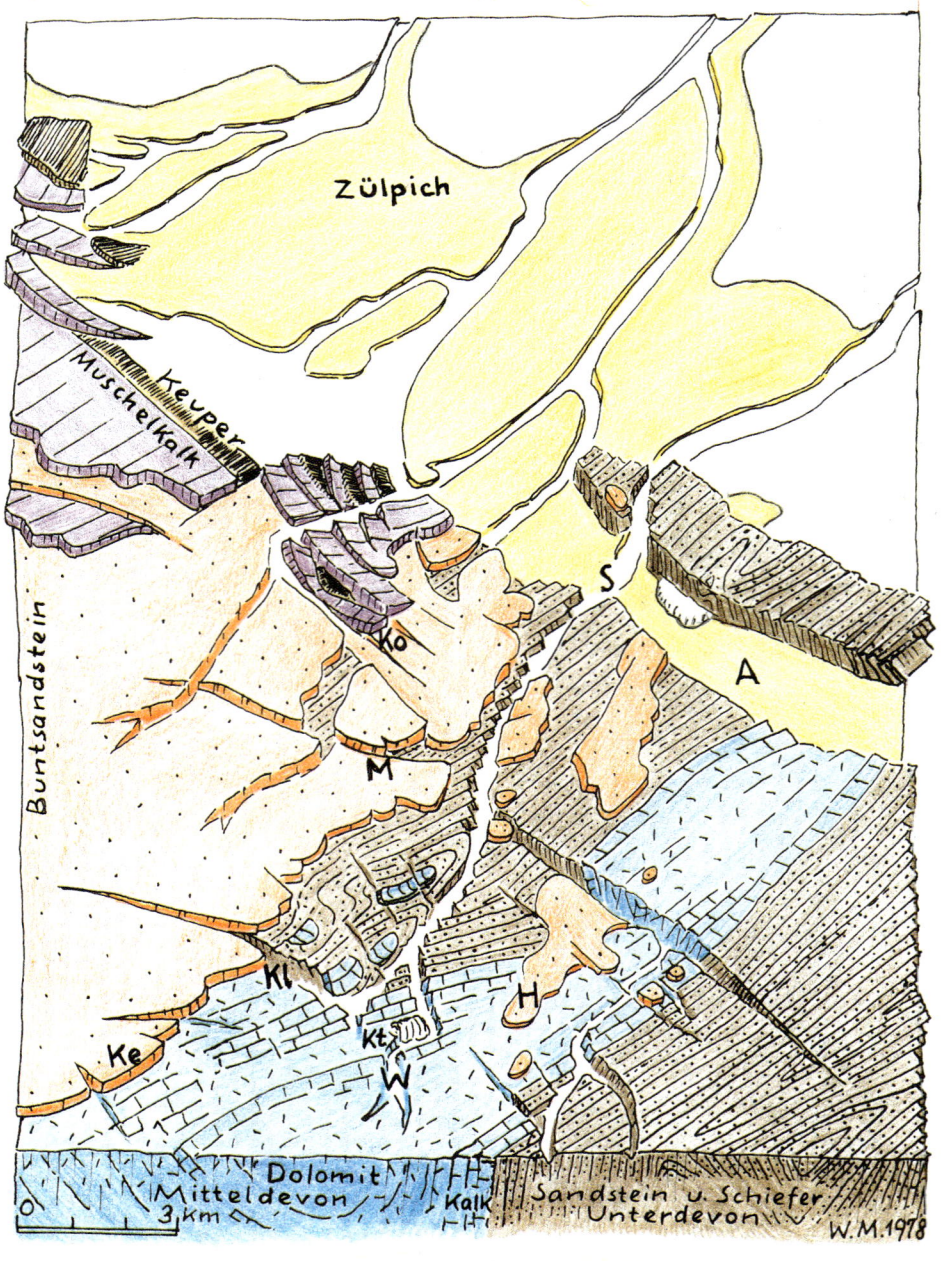

Zülpich

Keuper

Muschelkalk

Buntsandstein

Ko

S

A

M

H

Kl

Ke

Kt

W

o   3 km

Dolomit
Mitteldevon   Kalk

Sandstein u. Schiefer
Unterdevon

W.M. 1978

hypsen und ist von hier aus in Richtung Satzvey gut im Gelände zu verfolgen. Aus dem kalkhaltigen Wasser hat sich in den Kanälen Kalksinter abgesetzt.

Wir folgen dem Fahrweg nach Süden; er führt durch ein Areal, das von den unterdevonischen Klerf-Schichten (Unterems) aufgebaut wird, also vorwiegend aus braunroten Schluffsteinen und Sandsteinen. Ein Steinbruch in dieser so gut wie fossilfreien Flachwasser-Schichtenfolge besteht am Südabhang der Höhe 395, links von unserem Weg, gut einen Kilometer von der römischen Wasserleitung entfernt. Von hier hat man einen guten Überblick über die Buntsandsteinsenke von Harzheim und Holzheim. Sie wird im Nordosten von einer Verwerfung begrenzt, welche die mitteldevo-

Links:
Blockbild des Nordostteils des Nordeifeler Triasdreiecks. *A* Antweiler, *H* Harzheim, *Ke* Keldenich, *Kl* Kallmuth, *Ko* Kommern, *Kt* Kartstein, *M* Mechernich, *S* Satzvey, *W* Weyer.

Rechts von oben nach unten:
Hinweise auf Ablagerungsbedingungen im Unterdevon-Meer: Gruben und Furchen im Schlick (toniger Siltstein), wahrscheinlich Spuren von Eurypteriden (großen Arthropoden); Bleistift ca. 12 cm. Klerf-Schichten, Waxweiler.

Untermeerische Strömungen haben im Schlamm Hohlräume ausgekolkt; sie wurden mit Feinsand ausgefüllt. Diese Ausgüsse bilden nun auf einer Schichtunterseite Wülste, aus deren Form man auf die Strömungsrichtung schließen kann (hier in Richtung Bleistiftspitze). Klerf-Schichten, Waxweiler.

Rippelmarken, Zeugen der Wellenbewegung im Flachwasser. Länge der Platte 40 cm. Klerf-Schichten, Waxweiler.

nischen Kalke und Dolomite der Sötenicher Kalkmulde nach oben bringt (die Höhen mit dem Radioteleskop auf dem Stockert). Aus der Buntsandsteinsenke, die durch die dunkelrote Färbung der Felder markiert wird, steigen im Süden die Dolomitrücken von Lambertsberg (links) und Halsberg (rechts) auf. Sie bildeten wahrscheinlich schon zur Buntsandstein-Zeit Bergrücken; das Becken ist also nicht nur durch spätere Bruchtektonik entstanden.

Man kann von hier aus direkt nach Westen gehen, in Richtung Veybachtal, das man in Vussem erreicht (2 km). In Vussem mußte die römische Wasserleitung ein Nebental des Veybaches mit einem Aquädukt überbrücken. Auf den noch erhaltenen Fundamenten der Pfeiler wurde ein Teil des Aquädukts rekonstruiert. Von Vussem entweder mit dem Omnibus zurück nach Mechernich oder zu Fuß über den Rüttenkniep nach Bergheim. Dabei wird eine kleine Nebenmulde mit mitteldevonischen Schichten durchquert, an deren Nordwestflanke auf den Feldern Brocken von eisenschüssigen Sandsteinen herumliegen. Sie ent-

Unter der Auflast von Sedimentmaterial können Sandlagen zerreißen und beim Einsinken in den Schlamm zu brotlaibartigen Körpern gerundet werden. Obere Siegen-Schichten; an der Straße von Bürresheim nach Kirchwald (nördlich von Mayen).

Stromatoporen-Polster in mitteldevonischen Kalken der Sötenicher Mulde bei Iversheim.

Das Radioteleskop bei Effelsberg. Die Antenne hat 100 m Durchmesser.

halten Fossilien, vor allem Crinoiden-Stiel-glieder, und gehören ins höhere Unterdevon; vielleicht sind sie den Wetteldorf-Schichten der Prümer Mulde gleichzusetzen. Von Berg-heim nach Mechernich (Vussem – Bhf. Me-chernich knapp 5 km).

Der Kartstein bei Weyer
L 5504 Schleiden

Von Vussem aus kann man zu Fuß auch be-quem (Fußweg östlich des Veybachs) zum Kartstein laufen (etwa 3 km). Der Kartstein ist ein Kalktuff-(Travertin-)Massiv, das sich wäh-rend des Pleistozäns mit Hilfe von Pflanzen bildete, die aus kalkhaltigem Quellwasser Kalk ausschieden. Die Quellen müssen damals im Niveau der Oberfläche des Kartsteinplateaus ausgetreten sein, in etwa 430 m Höhe. Heute tritt das Wasser etwa 90 m tiefer, nämlich im Tal oberhalb von Eiserfey, flächenhaft zutage. Dieses Absinken des Grundwasserspiegels geht mindestens zum Teil auf das seit dem Ent-stehen des Kartstein-Travertins erfolgte Auf-steigen des Rheinischen Schiefergebirges und das damit verbundene tiefere Einschneiden der Täler zurück.

Im Kartstein gibt es große Höhlen (Kakushöh-len), die dem vorzeitlichen Menschen über lange Zeit Zuflucht boten; das beweisen Werkzeuge aus dem Zeitraum von der Alt-steinzeit bis in die Römerzeit. Außerdem fand man Reste von eiszeitlichen Tieren, wie Höh-lenbär, Höhlenhyäne, Wollnashorn, Mammut, Ren, Wildpferd u. a. m. Der Kartstein mit sei-nen steil abfallenden Wänden hat später als

Fliehburg gedient; der Zugang gegen die Hochfläche im Westen wurde durch einen Wall gesichert, der noch erhalten ist.

Der von Höhlen durchzogene quartäre Kalktuff des Kart-steins bei Eiserfey.

1 km westlich vom Kartstein findet sich zwi-schen Urfey und Vollem ein weiteres Quell-kalkvorkommen.

65

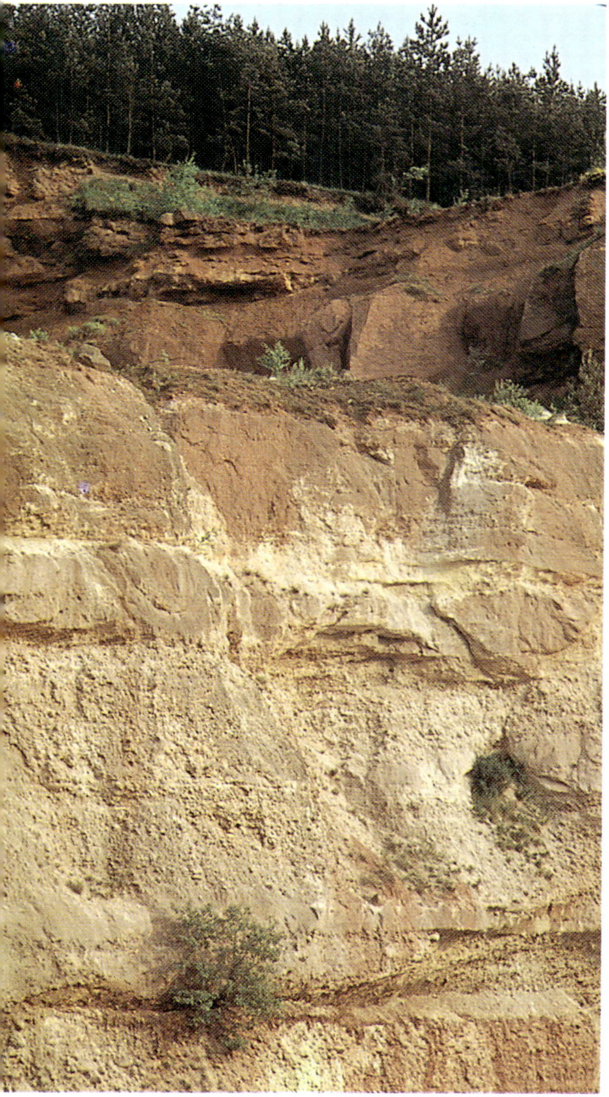

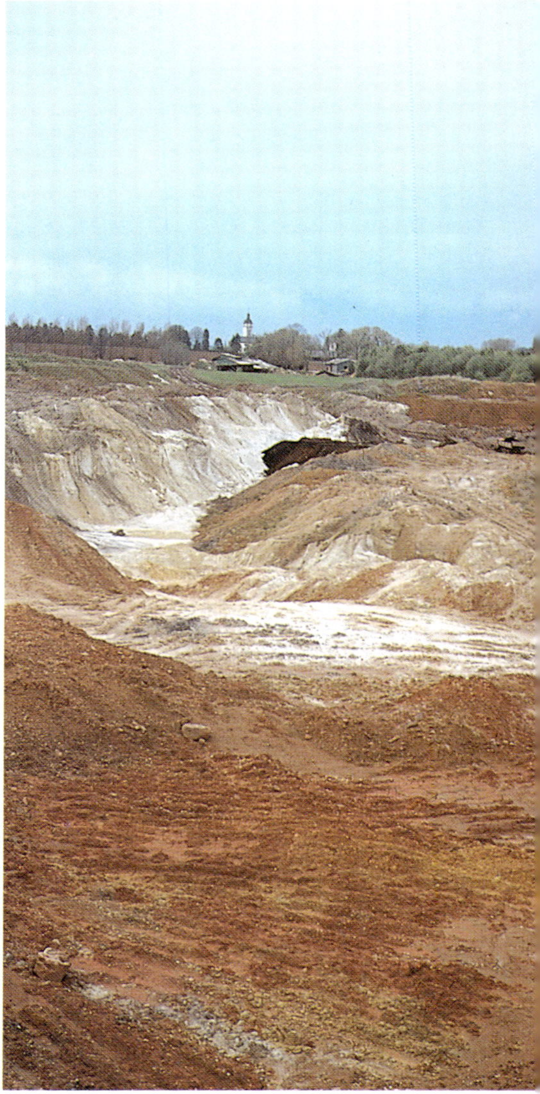

Die Tertiärsenke von Antweiler
L 5306 Euskirchen

Von Iversheim (Bahnhof) entlang der Bundesstraße 51 nach Nordosten. In etwa 1 km Entfernung vom Bahnhof Ausgrabungsstelle von römischen Kalkbrennöfen. Von hier in nördlicher Richtung nach Kalkar (1 km). Dort betreten wir den Tertiärgraben von Antweiler, einen Ausläufer des Bruchsystems der Niederrheinischen Bucht. Der Nordwest-Südost streichende Graben ist im Querschnitt asymmetrisch: An seiner Nordostseite, also gegen die Scholle des Billiger Waldes, wird er durch eine bedeutende Abschiebung begrenzt; die Grabensohle steigt nach Südwesten an, so daß an der Südwestseite nur Störungen geringerer Sprunghöhe vorhanden sind. Der Graben ist hauptsächlich mit paläozänen und eozänen (also alttertiären) Schottern, Sanden, Tonen und Braunkohlenlagern gefüllt.

Nordnordöstlich von Kalkar liegt in der Senke ein kleines Flachmoor (Naturschutzgebiet Kalkarer Moor). Zwischen Kalkar, Wachen-

Ganz links:
Mittlerer Buntsandstein mit Konglomeratlagen; östlich von Kall.

Links:
Im Tertiärgraben von Antweiler finden sich weiße Sande und Kiese aus Paläozän und Eozän, darin mächtige Braunkohlenlager. Das braune Material vorn und im Hintergrund sind quartäre Blocklehme, die von den Höhen des Billiger Waldes abgeglitten sind (Tongrube Zievel; im Hintergrund Burg Zievel).

dorf und Antweiler finden sich mehrere, z. T. schon verlassene, Ton- und Feinsandgruben in der tertiären Grabenfüllung. In Betrieb ist noch die Tongrube Zievel zwischen Antweiler und Burg Zievel. Hier sind die Tone mit Braunkohlenflözen aus der ursprünglich flachen Lage zu Falten aufgestaucht worden, durch während der Eiszeit von der hohen Billiger-Wald-Scholle herabgeglittene Rutschmassen.

In Satzvey erreichen wir die Bahnstrecke Euskirchen — Mechernich (Entfernung Kalkar — Satzvey ca. 6 km).

Die Katzensteine bei Satzvey
L 5306 Euskirchen

2,5 km südlich von Satzvey liegt an der Straße nach Mechernich eine imposante Felsgruppe aus schräggeschichteten Sandsteinen und Konglomeraten des Mittleren Buntsandstein, das Naturdenkmal Katzensteine (also nichts mit dem Hammer abschlagen!). Unter den überhängenden Felsplatten haben sich altsteinzeitliche Werkzeuge gefunden; solche Wohnnischen im Schutze von Felsüberhängen nennt man *Abri* (frz.). Oberhalb der Felsgruppe haben die Römer Steine gebrochen (die Stelle ist z. Z. verdeckt). Östlich benachbart wurde eine Sandgrube im hier völlig entfestigten und z. T. gebleichten Buntsandstein angelegt. Oberhalb der Katzensteine verläuft die römische Wasserleitung als Graben sichtbar im Wald. Man kann die Katzensteine auch erreichen, wenn man die Wasserleitung von Breitenbenden (vgl. S. 61 ff.) durch den Wald ver-

Katzensteine bei Eiserfey (Mittlerer Buntsandstein).

folgt (etwa 3,5 km). Dadurch vermeidet man den gefährlichen Weg auf der Straße (bis Mechernich 4 km).

Das Hohe Venn
L 5302 Aachen, L 5502 Monschau

Einen guten Überblick über die ältesten Devon-Schichten (Gedinne- und Siegen-Schichten) vermittelt eine Wanderung um die Kalltalsperre, die man in Lammersdorf oder Rollesbroich beginnen kann (etwa 6 km). Im Bereich der Staumauer stehen Quarzite und grüne Tonschiefer mit Kalkknollen an; sie gehören zu den Gedinne-Schichten. Die Sandsteinfolgen an der Talsperren-Straße südwestlich der Staumauer gehören z. T. auch noch zu den Gedinne-Schichten; hier vollzieht sich der Übergang zu den ähnlich aufgebauten Siegen-Schichten, eine Grenze ist daher schwer zu ziehen. Die Gesteine in dem nach Südosten (nach Rollesbroich) führenden Tälchen gehören mit Sicherheit zu den Siegen-Schichten. Die Tonschiefer und Sandsteine im Saarscher Tal nördlich des Stausees gehören zu den ordovizischen Salm-Schichten.

Die verschiedenen Typen der kambrischen Revin-Schichten lassen sich bei Roetgen an der nördlich am Dreilägerbach-Stausee entlangführenden Straße untersuchen. Ein eindrucksvolles Naturdenkmal ist das „Kaiser-Karls-Bettstatt" nordwestlich von Mützenich, das von einer mächtigen gefalteten Quarzitbank der Revin-Schichten gebildet wird.

Zu einem Besuch des Hohen Venn sollte eine längere Wanderung entlang eines der Hochmoore gehören, etwa westlich von Lammersdorf oder (noch ausgedehnter) westlich oder nördlich von Mützenich (z. T. auf belgischem Gebiet, also Personalausweis mitnehmen).

Sehenswert ist auch die Richelsley mit dem Kreuz, im Venn westlich vom Rurtal bei Gut Reichenstein oberhalb Monschau: eine eindrucksvolle Felsgruppe aus steilstehenden Gedinne-Konglomeraten. Die z. T. kopfgroßen Gerölle in dem Konglomerat entstammen wahrscheinlich Quarziten des Kambriums (Revin). Im tief eingeschnittenen Rurtal bei Monschau sind die Siegen-Schichten gut aufgeschlossen.

Die Hillesheimer Kalkmulde
L 5706 Adenau

Von der Kreuzung der Straßen Nohn – Stroheich und Niederehe – Heyroth überblickt man einen großen Teil der Hillesheimer Kalkmulde: Im Südosten, etwa am Waldrand, liegt die Grenze der mitteldevonischen Kalke zu den sandigen Unterdevon-Schichten; die Klerf-Schichten, 600 m von der Kreuzung entfernt an der Straße nach Heyroth aufgeschlossen, sind durch große Waldareale gekennzeichnet. Der Bereich der Mergel und Kalke des unteren Mitteldevons und der noch zu den höchsten Unterdevon-Schichten gehörenden kalkigen Heisdorf-Schichten ist durch Wiesen und Felder erkennbar. Das obere Mitteldevon zeigt z. T. dolomitisierte massige Kalkpartien, die sich weniger gut landwirtschaftlich nutzen lassen, da sie stark verkarstet sind. Deshalb sind hier wieder waldbestandene Felsmassive und Hochplateaus verbreitet; an dem Höhenzug einige hundert Meter nördlich der Straßenkreuzung ist das gut zu sehen.
Im Bereich der Straßenkreuzung stehen koral-

lenreiche Ahrdorf-Schichten des Unteren Mitteldevons an; in den Straßenböschungen sind rugose und tabulate Korallen, Stromatoporiden und Brachiopoden zu finden.
Im Ahbachtal, etwa auf halbem Weg zwischen dieser Straßenkreuzung und Ahütte, liegt südlich der Burgruine Dreimühlen der Nohner Wasserfall, auch Spreuz genannt. Am Fuß des Kalkmassivs des Dreimüllerwaldes, westlich vom Ahbachtal, treten mehrere Quellen aus. Seit Jahrtausenden haben hier aus dem kalkhaltigen Wasser Kalktuffe (Quellkalk) sich abgeschieden und in der Umgebung der Ruine

Von Wasser überflossener, noch wachsender Kalktuffrücken im Ahbachtal südlich Ahütte (Hillesheimer Kalkmulde).

Dreimühlen mehrere Kalkrücken und -hügel aufgebaut. Beim Bau der Eisenbahnstrecke Dümpelfeld – Jünkerath wurden 1910 die auf breiter Front herabfließenden Wässer zusammengefaßt und in einer Rinne unter dem Bahnkörper durchgeleitet. Hier stürzen sie in einem Wasserfall in das Tal hinab und scheiden große Mengen Kalk ab. In den 70 Jahren seit Bestehen der Bahnstrecke (die inzwischen wieder stillgelegt wurde) entstand dadurch eine lange Kalkmauer, die sich ins Tal vorschiebt, da sich an ihrer Stirn und ihren Seiten weiter Kalk absetzt. Wasser hat bei hohem Kohlensäuregehalt die Fähigkeit, viel Kalk zu lösen; wenn es die Kohlensäure abgibt, fällt Kalk aus. Der Kohlensäureentzug und damit die Kalkabscheidung kann durch assimilierende Pflanzen verstärkt werden. Hier am Dreimühlen-Wasserfall dürfte die Kalkausfällung durch das Laubmoos *Cratoneurum commutatum* gefördert werden, dessen kalkumkrustete Triebe die Kalktuffmauer überziehen. Zum Wasserfall von Ahütte aus entlang der alten Bahnlinie (knapp 2 km) oder von der Straße Nohn – Stroheich aus; auf halbem Weg zwischen der erwähnten Straßenkreuzung und dem Dorf Nohn geht ein Weg nach Norden ab, der über die Nohner Mühle (zwischen Kalkfelsen der mitteldevonischen Freilingen-Schichten) führt (etwa 1 km).

Moorlandschaft im Hohen Venn.

Die Dollendorfer Kalkmulde
L 5704 Prüm, L 5706 Adenau

Die Dollendorfer Kalkmulde ist eine relativ einfach gebaute, flache Wanne. Der obere Teil der mitteldevonischen Schichtenfolge ist dolomitisiert; er baut den stark verkarsteten Zentralbereich der Mulde auf. Fast alle Täler führen hier nur sporadisch Wasser, sind also Trockentäler. Auch das große Längstal, das Lampertstal, ist über große Strecken zeitweise trocken. Die Dörfer liegen deshalb nicht im Zentrum der Mulde, sondern an ihren Rändern, wo auf den Mergeln des tieferen Mitteldevons bessere Bedingungen für die Landwirtschaft bestehen und auch Quellen vorhanden sind.

Man kann die Mulde zwischen Dollendorf und Ripsdorf durchqueren (etwa 5 km): Wir steigen von Dollendorf in einem Trockental hinab, gehen ein kurzes Stück das Lampertstal aufwärts und folgen dann der kleinen Straße hinauf nach Ripsdorf. Einen knappen Kilometer hinter dem Lampertstal erreicht man rechts neben der Straße einen Steinbruch. Hier ist am Höneberg eine Partie der Kalke von der Dolomitisierung verschont geblieben. Es sind Riffkalke des Oberen Mitteldevons, die aus Korallen und vor allem unzähligen Stringocephalen (dickschaligen, großen Brachiopoden) aufgebaut werden. Der stillgelegte Steinbruch ist als Rastplatz und geologisches Lehrobjekt eingerichtet worden.

Der bewaldete Stromberg, 1,5 km nordwestlich von Ripsdorf, besteht aus einem Buntsandsteinrest, der durch während der Tertiär-

In den Kalkmulden ist der Deutsche Enzian *(Gentianella germanica)* verbreitet.

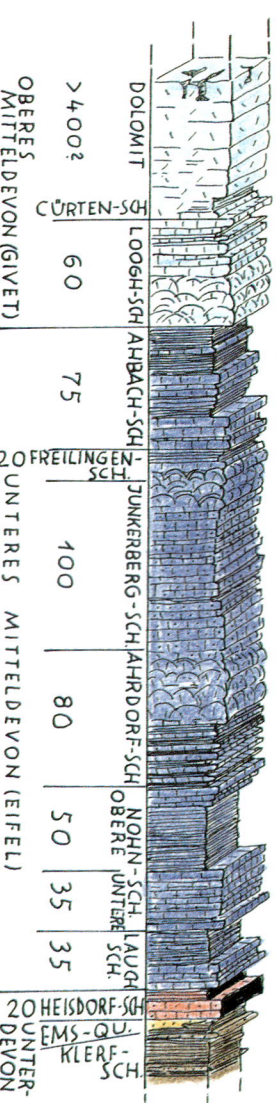

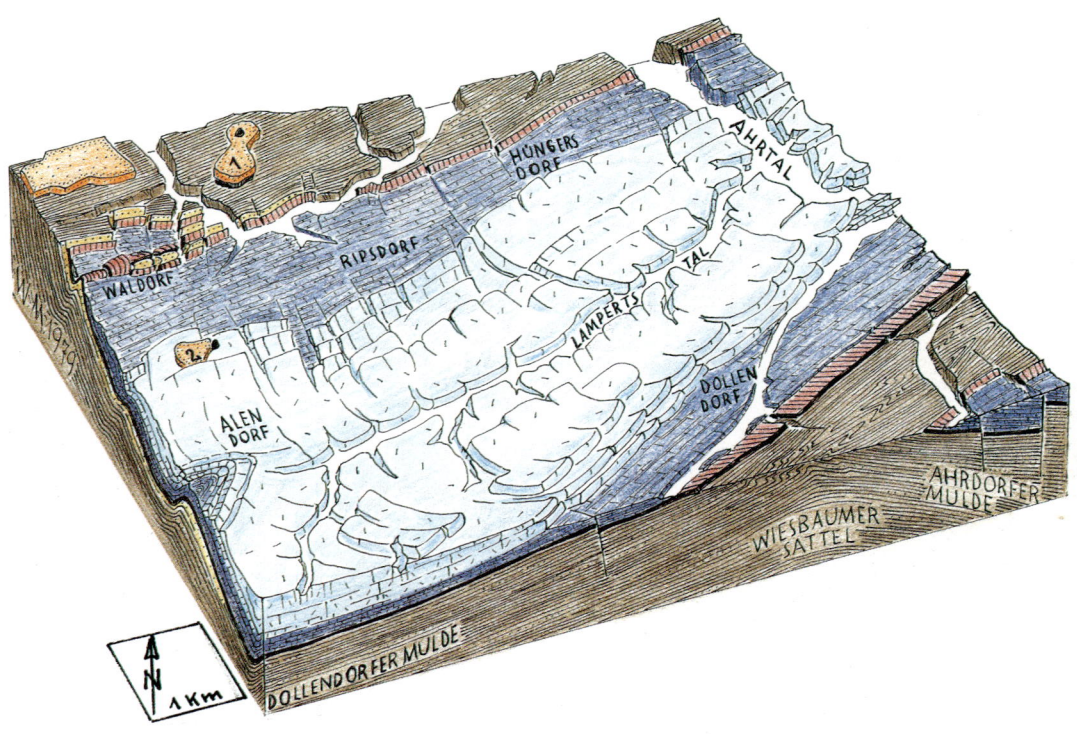

Blockbild des mittleren Teils der Dollendorfer Kalkmulde; unter Benutzung von Unterlagen von W. KRÄUSEL, L. KUK-KELKORN, R. SCHLÜTER und CH. VORREYER. 1 Stromberg, 2 Griesheuel. Erläuterung der Farben gegenüber.

Die devonische Schichtenfolge der mittleren Dollendorfer Kalkmulde; nach Aufnahmen von R. SCHLÜTER und CH. VORREYER.

zeit eingedrungenen Basalt verkieselt und da-durch verwitterungsresistent wurde. Diese Ver-hältnisse sind dort allerdings nur mühsam zu rekonstruieren, da Aufschlüsse selten sind.

Auf der Anhöhe Griesheuel, 2 km südwestlich von Ripsdorf, ist auf der unregelmäßigen Do-lomitoberfläche eine dünne Buntsandstein-decke erhalten geblieben. Von hier kann man über Alendorf durch das Lampertstal nach

Dollendorf zurückgehen (ca. 9 km). Der Eierberg westlich und der Kalvarienberg östlich von Alendorf sind charakteristische, mit Wacholder bestandene Kalkrücken, reich an Orchideen und anderen kalkliebenden Pflanzenarten. Die beiden Kalkrücken stehen ebenso wie das ganze Areal des Lampertstals unter Naturschutz.

Gerolstein
L 5704 Prüm, L 5706 Adenau

Die Umgebung von Gerolstein ist in mehrfacher Hinsicht geologisch interessant: In der Gerolsteiner Kalkmulde sind mitteldevonische Kalke und Mergel aufgeschlossen, in den randlichen Partien z. T. reich fossilführend, im Zentralteil dolomitisiert und zu imposanten Felsgruppen mit Höhlen herausgewittert. Dann liegt hier das Zentrum der Vulkankette der Westeifel mit vielen Vulkankegeln und Lavaströmen. Die Landschaft nördlich von Gerolstein wird außerdem durch große Areale von Buntsandstein geprägt.

Die Dolomitberge nördlich von Gerolstein ziehen zuerst die Aufmerksamkeit auf sich: Von dem westlichsten Ausläufer dieses hauptsächlich ins Givet (Oberes Mitteldevon) zu stellenden Dolomitmassivs ist von der Verwit-

Für die Vegetation der Eifelkalkmulden sind die kurzrasigen, mit Wacholder bestandenen Kalktriften charakteristisch. Kalvarienberg bei Alendorf in der Dollendorfer Mulde.

terung nur noch ein Turm übriggelassen worden, die Auburg. Die geschlossene Dolomitplatte westlich des Tales, in dem die Straße nach Bewingen und Hillesheim verläuft, heißt an ihrem Westende Munterley; im Zentralteil (nordöstlich vom Bahnhof Gerolstein) liegt die Felsgruppe Hustley. Das Dolomitmassiv reicht bis zum Gebiet der Kasselburg nördlich von Pelm.

Bei vielen Eifelkalkmulden ist der zentrale Teil dolomitisiert worden. Die Gesteine sind ursprünglich als Kalke entstanden, im Falle der Givetkalke von Gerolstein als Riffkalke. Durch magnesiumreiche Lösungen, die von oben her in die Kalke eindrangen, wurde aus Kalkspat Dolomit. Dabei kristallisierte das Gestein um, so daß die ursprünglichen Sedimentstrukturen und vor allem der Fossilinhalt ausgelöscht wurden. Wann und durch welche Vorgänge die Magnesiumzufuhr erfolgte, ist lange umstritten gewesen; von vielen Seiten her sind Versuche unternommen worden, das „Dolomitproblem der Eifel" zu lösen. Es hat wahrscheinlich hier innerhalb der Erdgeschichte mehrfach eine Dolomitisierung stattgefunden. Große Teile der Dolomite sind wohl bald nach der Ablagerung der Kalke entstanden, wobei die magnesiumhaltigen Lösungen noch aus dem Wasser des Devonmeeres stammten. Eine zweite Phase der Dolomitisierung erfolgte wahrscheinlich im heißen Klima der Perm- und Triaszeit; diese sogenannten

Blick von der Ausgrabungsstätte der fränkischen Villa Sarabodis in Gerolstein auf den Dolomitfelsen Munterley.

Die „Dolomitquelle", eine der Kohlensäurequellen von Gerolstein.

Schräggeschichteter gebleichter Buntsandstein bei Schmidtheim.

„Geländedolomite" sind an Einebnungsflächen gebunden und umfassen Schichtenfolgen unterschiedlichen Alters, während die schon während des Devons abgelaufene Dolomitisie-

rung sich mehr an einzelne Schichtglieder hält. Im Dolomitmassiv der Munterley liegt an deren Nordwestseite die Buchenlochhöhle, in der während der pleistozänen Kaltzeiten der alt-

steinzeitliche Mensch Zuflucht suchte. Es fanden sich hier auch die Reste einer reichen eiszeitlichen Säugetierfauna mit Mammut, Wollnashorn, Höhlenbär, Hirsch, Ren u.a.

Der Weg von der Buchenlochhöhle nach Norden führt nach 200–300 m in ein Areal mit Basaltschlacken, die Hagelskaule; hier ist aus einem Höhlensystem im Dolomit ein Lavastrom ausgetreten. Beim Austritt ins Freie zerspratzte die Lava z.T.; so bildeten sich die Schlacken um die Austrittsstelle herum. Die Lava floß in dem Tal zwischen Munterley und Auburg ins Kylltal, wo sie sich ausbreitete und den Kyllbach an die Südseite des Tales drängte. Die Basis dieses sog. Sarresdorfer Lavastroms (er mündete bei dem Ort Sarresdorf ins Kylltal; vgl. die fränkische Villa Sarabodis) liegt etwa 3 m über dem heutigen Kyllbett, der Vulkan ist also sehr jung. Der Schlot, in dem die Lava aufstieg, liegt unter einer maarartigen Eintiefung, der Papenkaule. Da die Lava vor Erreichen der Erdoberfläche durch das Höhlensystem im Dolomit seitlich abgeleitet wurde, entstand kein Vulkankegel, sondern der Schlot blieb als Hohlform erhalten; die Papenkaule ist also kein Maar, sondern ein verhinderter Schichtvulkan.

Auf dem Dolomitplateau kann man nach Osten bis zur Kasselburg nördlich Pelm gehen (Greifvogel- und Wildgehege, vgl. KOSMOS, Nov. 1970, S.476). Der Berg Kasselburger Hahn westlich davon ist ebenfalls ein quartärer Basaltvulkan mit Tuffen, Schlacken und Lava. In Gerolstein an der Straße nach Lissingen gibt es ein kleines Heimatmuseum, das auch geologische Sammlungen enthält.

Eingang der Buchenlochhöhle bei Gerolstein.

Die Papenkaule bei Gerolstein.

Müllenborn – Roth – Oos
L 5704 Prüm

Die Straße von Lissingen nach Müllenborn führt zunächst einige hundert Meter an fossilhaltigen Mergeln und Kalken des Unteren Mitteldevons der Gerolsteiner Kalkmulde vorbei.

Der Rother Kopf ist ein Schlacken- und Tuffkegel, an dessen Fuß Lava ausgeflossen ist. An der Nordseite wurden früher die Schlacken in großen Blöcken unterirdisch abgebaut, um Mühlsteine daraus herzustellen. In den dabei entstandenen Höhlen kann man auch im Sommer Eiszapfen wachsen sehen: Das Sikkerwasser breitet sich auf der großen Oberfläche der Schlacken aus und verdunstet leicht; dadurch sinkt die Temperatur stark ab (Rother Eishöhle).

Zwischen Müllenborn und Oos ist Buntsandstein verbreitet. Er überdeckt hier hauptsächlich Unterdevon-Schichten im Sattel zwischen der Gerolsteiner und Prümer Kalkmulde.

In Oos stehen wir im Zentralteil der Prümer Mulde, die als einzige der Eifelkalkmulden eine größere Schichtenfolge oberdevonischen Alters enthält. In Neu-Oos stehen an der Straße die Cypridinenschiefer von Oos an (Nehden-Stufe, Oberdevon). Die Oberdevonmulde ist hier auch morphologisch eine Senke. Im Süden, beim Dorf Büdesheim, waren früher oberdevonische Goniatiten auf den Feldern zu finden; inzwischen ist das Gelände so stark abgesammelt, daß kaum Funde zu machen sind.

Die Dauner Maare
L 5906 Daun

Die vier Maare südlich von Daun sind die bekanntesten und meistbesuchten der Eifelmaare, denn die Straße Daun – Wittlich führt zwischen ihnen hindurch und ermöglicht eine bequeme Besichtigung von großen Parkplätzen aus. Das Weinfelder Maar (Totenmaar) mit dem Kirchlein und dem Friedhof ist auf vielen Gemälden und Fotos als melancholisches Sinnbild der Eifellandschaft dargestellt worden. Die Maare sind von Daun aus auch bequem zu Fuß erreichbar; das Gemündener Maar liegt 2,5 km von der Stadtmitte bzw. vom Bahnhof entfernt.

Nur drei der Maare sind mit Wasser gefüllt. An den Maarsee von Schalkenmehren schließt sich unmittelbar östlich ein kreisrunder Kessel an, dessen Boden von einem mit Weidengebüsch bestandenen Flachmoor bedeckt ist; auch dies ein Maarvulkan. In den Moorablagerungen dieses östlichen Schalkenmehrener Maares fanden sich Tuffe von den drei anderen Maaren. J. FRECHEN und H. STRAKA konnten sie mit Hilfe der Pollenanalyse datieren: Danach sind die Tuffwürfe aus dem westlichen Schalkenmehrener Maar vor etwa 11 000 Jahren erfolgt. Das östliche Schalkenmehrener Maar muß natürlich noch älter sein. Vor etwa 10 750 Jahren ist die Entstehung des Gemündener Maares anzusetzen und zuletzt – vor

S. 80/81:
Schalkenmehren mit dem Schalkenmehrener Maar.

etwa 10 500 Jahren – die des Weinfelder Maares. Die Tuffe des Gemündener Maares sind in einer Grube an der Straße von Daun nördlich des Weinfelder Maars aufgeschlossen. Die Tuffe des Weinfelder Maars überlagern am Mäuseberg (Aussichtsturm) die des Gemündener Maars. Am Westufer des Weinfelder Maars sind unterdevonischer Schiefer und ein kleines Schlackenvorkommen aufgeschlossen. Es empfiehlt sich, zumindest drei der Maare zu Fuß zu umwandern, das waldumstandene Gemündener Maar, das von Heiden und Gebüsch umgebene Weinfelder Maar und den vermoorten Kessel des östlichen Schalkenmehrener Maars, drei völlig verschiedene Landschaftscharaktere.

In Stadtfeld-Schichten (Unterems, Unterdevon) in der Umgebung von Müsch an der Ahr sind Pflanzenreste häufig; hier *Drepanophycus spinaeformis*.

In der Umgebung von Daun ist geologisch noch interessant: Der Schiefergebirgssockel besteht hier aus Stadtfeld-Schichten (Unterems, Unterdevon), sie sind im Liesertal an vielen Stellen aufgeschlossen, auch an der Nordseite des Gemündener Maares unter dessen Tuffen. Südlich vom westlichen Schalkenmehrener Maar erhebt sich der quartäre Basaltschlackenkegel Hoher List, auf dem die Beobachtungskuppeln der Sternwarte der Universität Bonn stehen. Die Schlacken mit gedrehten Bomben, glasierten Devonsandsteinen u. a. sind in einem verlassenen (und gesperrten) Steinbruch an der Westseite des Berges (an der Straße nach Wittlich) aufgeschlossen.

Kirche und Burgruine Daun stehen auf Resten eines Basaltlavastromes, der vom Schlackenkegel Firmerich östlich des Bahnhofs Daun stammt. Die Lieser hat diesen Lavastrom durchsägt, dadurch das Vorkommen des Burgberges isoliert und sich außerdem noch 50 m tief in die darunterliegenden Devonschichten eingeschnitten. Deshalb muß der Firmerich und sein Lavastrom zu den ältesten Quartärvulkanen gehören. Kohlensäurequellen, unter ihnen der Dauner Sprudel im Liesertal, sind die letzten Äußerungen des Vulkanismus. 12 km südwestlich von Daun findet sich in Wallenborn (an der B 257 Daun–Bitburg) sogar eine intermittierende, also in rhythmischen Abständen aufwallende Kohlensäurequelle.

Im Vulkanschlot rot-gefritteter und glasierter Unterdevonschiefer. Basalt-Schlackenkegel Hoher List bei Daun; 12 cm.

Gedrehte Wurfschlacke. Basalt-Schlackenkegel Hoher List bei Daun; 16 cm.

Gillenfeld
L 5906 Daun

Das Gebiet östlich von Gillenfeld wird durch zahlreiche Maare bestimmt: Das Ellscheider Maar und das Maar von Oberwinkel sind rundliche, von Wiesen eingenommene flache Senken mit Tuffresten in der Umrandung. In einem steilen Trichter von kreisförmigem Querschnitt liegt das Pulvermaar, das größte wassergefüllte Maar der Eifel mit 2250 m Umfang, ca. 36 ha Wasserfläche und einer Tiefe von 74 m. Es ist damit der tiefste natürliche See Deutschlands nördlich der Donau. Vor der Maarentstehung war hier ein Tälchen, das an der Nordseite, dort, wo der große Campingplatz liegt, noch sichtbar ist. Seine Fortsetzung nach Süden ist durch den Tuffwall verschüttet. Eine Wanderung um den See (ca. 2,5 km) ist sehr zu empfehlen. Der Weg verläuft meist in Tuffen, die dem Maar seinen Namen gegeben haben. Am Campingplatz im Norden sind auch die Unterdevon-Gesteine, also die Innenwand des Trichters, angeschnitten. In der südlichen Wand des Kessels ist Basaltlava in die Tuffe eingedrungen. Die Tuffe mit flachen Schrägschichtungsstrukturen sind in Gruben an der Südwestseite des Tuffwalles nördlich und südlich der Straße nach Gillenfeld angeschnitten.

Kubikmetergroße Brocken von devonischen Sandsteinen finden sich in ihnen; die Explosionen, die zur Maarentstehung führten, müssen also sehr heftig gewesen sein.

Das Immerather Risch ist ein in Nordwestrichtung langgestreckter Maarkessel; das Dorf Immerath liegt am Südwestrand des mit Wie-

Im Trautzberger Maar wird eine Bohrung niedergebracht. Die erbohrte Torfabfolge kann durch die Bestimmung von Pollengemeinschaften gegliedert und datiert werden. Dadurch läßt sich das Alter von eingelagerten Tuffbändern bestimmen.

sen bedeckten Maarbodens. Die Tuffe sind in Gruben am nordwestlichen oberen Rand des Kessels erschlossen.

In einem tiefen Seitentälchen des Ueßbachtals ist das Immerather Maar (zwischen Immerath und Strotzbüsch) entstanden. Die Tuffe wur-

den durch den Bach von Norden her in den Maarkessel geschwemmt, so daß nur ein halbkreisförmiger See übrigblieb. Der Tuffwall dieses Maares ist in Gruben südwestlich der Straße Daun – Strotzbüsch angeschnitten.

Nördlich von Trautzberg findet sich eine kleine, runde, sumpfige Vertiefung, das Trautzberger Maar. Seine Tuffe, die wie die der meisten Maare fast nur aus zertrümmerten Devongesteinen bestehen, überlagern am Nordfuß des Wartgesberges dessen rote und schwarze Basaltschlacken.

Der Wartgesberg, der z.Z. leider durch den Abbau stark zerstört wird, ist ein aus mehreren Einzelkegeln sowie aus einem Nord–Süd verlaufenden Spaltenzug zusammengesetzter Schlackenkomplex. Ein riesiger Lava-„Tropfen", der sich in den Schlacken am Nordende des Wartgesberges fand, wurde in Strohn neben der Straße aufgestellt. Aus der Wartgesberg-Vulkangruppe sind drei Lavaströme in das Alftal ausgeflossen, das damals schon bis zu seinem heutigen Niveau eingetieft war. Zwei sind talaufwärts geflossen; sie wurden später von den Schottern des Baches überdeckt und ließen sich nur durch magnetische Messungen und Bohrungen nachweisen; das

Die Vulkane in der Umgebung von Gillenfeld; nach Aufnahmen von W. CIPA und K. WIENECKE. G Gillenfeld, I Immerath, S Strohn, ST Strotzbüsch, T Trautzberg, W Winkel; 1 Ellscheider Maar, 2 Maar von Oberwinkel, 3 Schlakkenring Wetschert, 4 Pulvermaar, 5 Immerather Risch (Maar), 6 Strohner Maar (Dürres Maar) mit Römerberg, 7 Rott (wahrscheinlich eine nichtvulkanische Senke), 8 Immerather Maar, 9 Körperichberg, 10 Lange Klopp, 11 Wartgesberg, 12 Trautzberger Maar, 13 Sprinker Maar.

W. MEYER 1976

Dorf Strohn liegt auf diesen überdeckten Lavaströmen. Der dritte ging nach Süden. Talabwärts konnte er sich rascher ausbreiten und reicht deshalb 5 km weit bis in die Höhe von Oberscheidweiler. Er ist nur an wenigen Stellen durch den Bach freigelegt worden, läßt sich aber in seiner ganzen Ausdehnung auch durch Messungen der magnetischen Intensität verfolgen. Durch seinen Gehalt an Mineralien, welche die Magnetnadel beeinflussen (Magnetit, Augit, Olivin u. a.), verursacht Basalt eine Änderung des magnetischen Feldes (eine magnetische Anomalie) und läßt sich mit einem Magnetometer auch unter einer Bedeckung lokalisieren. Unmittelbar südlich vom Wartgesberg ist im Alftal ein weiterer Maarvulkan entstanden, das Sprinker Maar. Es hat den südlichen Lavastrom durchschlagen, und seine Tuffe, welche die Schlacken des Wartgesberges überlagern, enthalten kubikmetergroße Blöcke der Lava.

Südlich vom Pulvermaar gibt es eine elliptische, flache, vermoorte Senke, das Dürre Maar (oder Strohner Maar), das aber kein Maar ist, da überwiegend Schlacken gefördert wurden. Der Schlot war nach Süden geneigt; daher wurde kein regelmäßiger Kegel aufgebaut, sondern die Schlacken wurden einseitig nach

In der Westeifel sind die rötlich gefärbten Klerf-Schichten verbreitet (Steinbruch bei Waxweiler).

Am Nordende des Wartgesberges fand sich ein großer Basalt-Lavatropfen; diese „Riesenbombe" ist jetzt am östlichen Ortsrand von Strohn zu bewundern.

Norden ausgeworfen; so entstand der Römerberg. Die feineren Tuffe, welche gegen Ende der Vulkantätigkeit gefördert wurden, finden sich am Nordhang des Berges in einer Grube über den Schlacken angeschnitten. Man besucht Römerberg und Strohner Maar am be-

In einigen der Maar-Hochmoore wächst der insektenfressende Sonnentau (Drosera rotundifolia) zwischen dem Torfmoos.

Die Maartuffe bestehen vorwiegend aus Fragmenten von Devongesteinen und sind daher braungrau (Tuffe des Dreiser Weihers).

Die Rother Eishöhle westlich von Gerolstein.

Die Hitsche nördlich des Holzmaars. Dieses kleinste Maar der Eifel ist nur noch als seggenbestandene Senke zwischen den Feldern erkennbar.

sten im Anschluß an die Besichtigung des Pulvermaares, das diesem Vulkan unmittelbar benachbart ist.

Die Holzmaar-Gruppe
L 5906 Daun

Auf halbem Weg zwischen Gillenfeld und Eckfeld liegen drei Maare in einer Nordwest-Südost verlaufenden Linie. Das südöstliche, das Holzmaar, ist mit Wasser gefüllt, das allerdings durch den Damm künstlich aufgestaut wird. Es hat nur wenig Tuff gefördert.

400 m nordwestlich vom Holzmaar liegt ein fast kreisrundes Maar, das von einem noch

wachsenden Hochmoor eingenommen wird und daher Dürres Maar (Dürres Maarchen) oder Torfmaar genannt wird. Der Zentralteil des Moores wächst uhrglasförmig in die Höhe. Er wird bei hohem Grundwasserstand von einem schmalen Wasserring umgeben, der den Außenrand des Maares sehr schön nachzeichnet. Dieser wassergefüllte Randsumpf wird von den Moorkundlern mit dem schwedischen Wort Lagg bezeichnet. Obgleich das Dürre Maar kleiner ist als das Holzmaar, hat es viel mehr Tuffe gefördert als dieses. Sie sind an der Straße Gillenfeld – Brockscheid bei der Abzweigung zum Holzmaar in Gruben erschlossen.

100 m nordwestlich vom Dürren Maar liegt das mit 60–70 m Durchmesser kleinste der Eifelmaare, die Hütsche oder Hitsche. Sie ist als kreisförmige, mit Binsen und Seggen bestandene Senke zwischen den Feldern zu erkennen.

Die Vulkane westlich von Manderscheid
L 5906 Daun

Die westlich Manderscheid gelegene Vulkangruppe des Mosenbergs mit dem Meerfelder Maar zeigt auf engem Raum die wichtigsten Vulkanformen, wie Schlacken- und Tuffkegel (u. a. mit Kratersee und Kratermoor), Lava-

Die Vulkangruppe von Manderscheid; nach W. MEYER und J. STETS (1979); Faltenstruktur im devonischen Sockel angedeutet. 1 Horngraben-Lavastrom, 2 nördlicher Mosenberg-Krater mit Lavazunge und Lavagang, 3 Windsborn, 4 Hinkelsmaar.

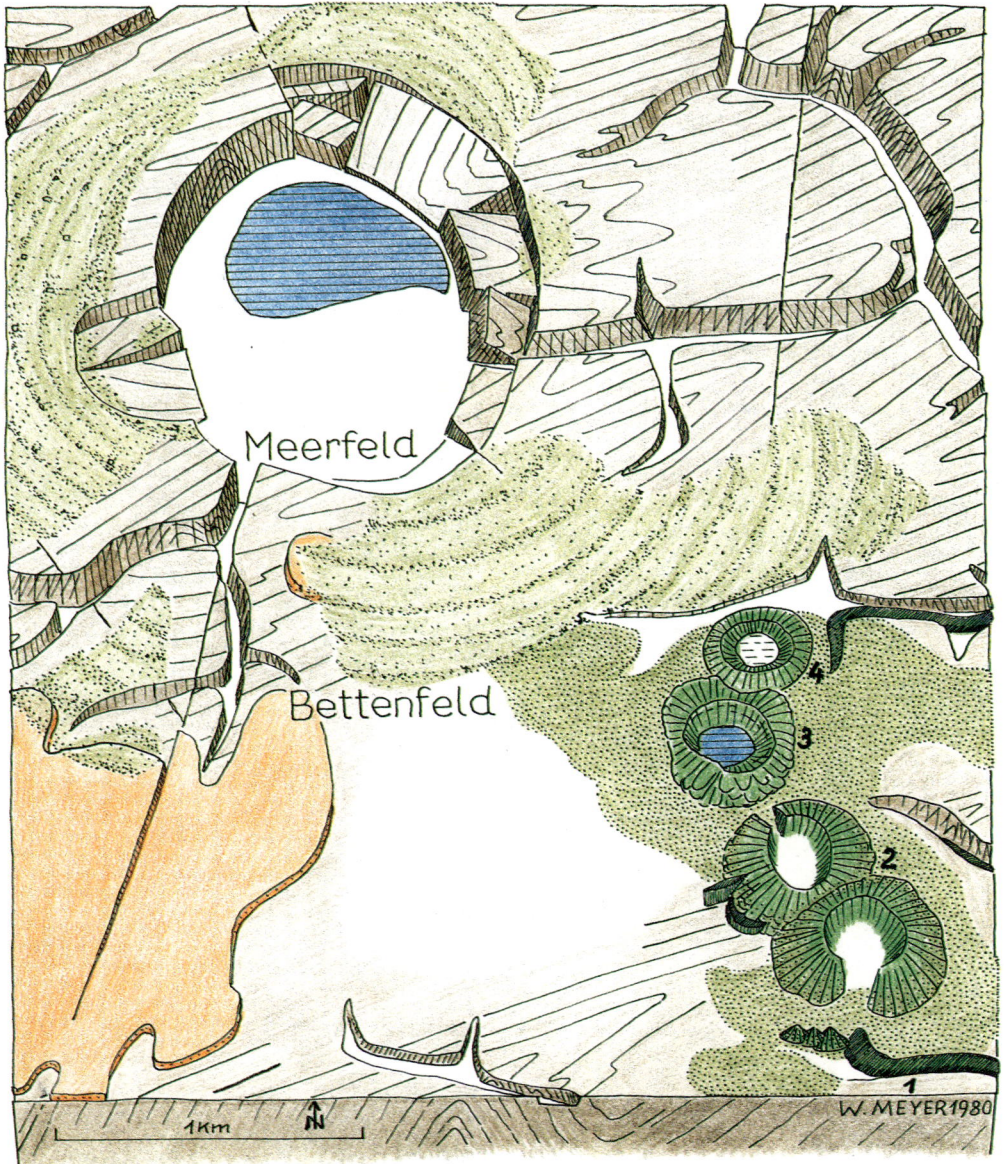

Meerfeld

Bettenfeld

4

3

2

1

1 Km

N

W. MEYER 1980

strom, Lavagang und Maarkessel. Es sei eine Wanderung empfohlen, die am Parkplatz zwischen Windsborn und Hinkelsmaar (östlich Bettenfeld) beginnt.

Man geht – es gibt verschiedene Wege – an der Ostseite der Mosenberg-Vulkanreihe entlang; am Südende der Berggruppe, dort, wo der Wald aufhört, blickt man in den durch ausfließende Lava nach Süden geöffneten südlichen Ringwall. Die Lava ist in einem Tälchen, dem Vorläufer des Horngrabens, zwei Kilometer weit bis ins Tal der Kleinen Kyll geflossen. Der Horngraben hat sich daneben ein neues Bett gegraben und stellenweise den Lavastrom durchschnitten. Die Kleine Kyll wurde durch die Lava zunächst aufgestaut; der Bach stürzte über die etwa 30 m hohe Basaltstufe hinunter und kolkte dabei im Unterdevon-Schiefer Strudellöcher aus. Er durchsägte den Basalt schließlich und schnitt sich noch etwa 10 m tief in die darunterliegenden Schiefer ein. Diese Erosionsleistung erforderte einen Zeitraum von einigen zehntausend Jahren; daraus ergibt sich ein Hinweis auf das Mindestalter des südlichsten Mosenberg-Kraters.

Blick von Norden auf die Mosenberg-Vulkangruppe bei Manderscheid: Vorn der Tuffring des Hinkelsmaars mit sumpfigen Wiesen in der Kratersenke; deutlich erkennbar die Nische, die dieser Vulkan in den Schlackenkegel des Windsborn (mit Kratersee) gesprengt hat. Dahinter der aus mehreren Kratern zusammengesetzte bewaldete Mosenberg. Die schmale, im Hintergrund links der Bildmitte quer verlaufende Baumreihe kennzeichnet den Lavastrom des Horngrabens. (Freigegeben vom Reg.-Präs. Düsseldorf Nr. 23 K 34)

Das Ende des schön in Säulen gegliederten Lavastroms im Kylltal ist eine Besichtigung wert. Man kann vom Mosenberg aus am Horngraben entlang hinuntergehen, vom Parkplatz an der Heidsmühle (2 km) oder von der Stelle aus, an der die Straße Manderscheid – Wittlich das Tal quert (1 km). Die Strudellöcher sind von der Brücke über die Kleine Kyll aus zu sehen. Die Horngrabenlava ist petrographisch ein Olivin-Leucit-Nephelinit. Südlich vom Horngraben sind unmittelbar westlich vom Steilabfall zum Kylltal in alten Kiesgruben weiße Schotter aufgeschlossen, die hauptsächlich aus Quarzgeröllen, den Ablagerungen eines tertiären Flusses, bestehen.

Unmittelbar südwestlich des südlichsten Mosenberg-Kraters sind in einer Schlackengrube zwei oder drei selbständige, kleine, flache Schlackenkegel angeschnitten; stellenweise ist Lava in die Schlacken eingedrungen. Die Kegel werden überdeckt von Lapillituffen der Mosenbergkrater, stellen also das älteste Förderzentrum der Vulkangruppe dar.

Wir gehen jetzt auf dem Fahrweg westlich der Mosenbergreihe nach Norden. Der 517 m hohe Gipfel des Mosenbergs (Aussichtsturm) gehört zum Wall eines großen Schlacken- und Tuffkegels, der nach Nordwesten hin geöffnet ist; aus dieser Lücke ist wahrscheinlich der Lavastrom geflossen, welcher sich im Johannistal zur Heidsmühle hinzieht. Er ist hier nicht direkt zu beobachten, da er von abgeschwemmten Tuffen verdeckt wird.

Zwischen den beiden Mosenberg-Kratern sind die Unterdevon-Schichten des Sockels am Weg aufgeschlossen. Wenig nördlich davon ist

in einem alten Steinbruch eine Lavazunge angeschnitten, die am Fuß des nördlichen Mosenberg-Kegels unter den Schlacken vorgedrungen war. Nur Schritte weiter nördlich findet sich ein steilstehender Radial-Lavagang, der beim Bau des Weges durchschnitten wurde. Westlich des Weges wurden die Schlacken, in die er eindrang, inzwischen abgetragen, so daß er als Mauer herauspräpariert dasteht.

Durch eine deutliche Einsattelung vom Mosenberg getrennt ist der vollkommen erhaltene, wassergefüllte Schlackenwall des Windsborn. Wir müssen den breiten Fahrweg jetzt verlassen und in dieser Einsattelung nach Osten, bis etwa zur halben Höhe des Windsborn-Kegels, aufsteigen. Hier gelangt man bald an die niedrigste Stelle des Walls und hat dann den Kratersee vor sich. Der Unterschied zwischen den Vulkanformen Kratersee und Maar läßt sich hier besonders deutlich erkennen: Wir sehen, daß der Windsborn-Kratersee sich in einem der vorvulkanischen Landoberfläche aufgesetzten Kegel befindet, während Maare in diese Landoberfläche eingesenkte Kessel darstellen; deshalb kann man von hier aus die Lage des Meerfelder Maares (rechts von Bettenfeld) nur ahnen. Die parallel zur Kegeloberfläche einfallenden Schweißschlakkenbänke ragen an der Südwestseite des

Das Hinkelsmaar bei Manderscheid, der versumpfte Krater eines Schlackenwalles.

Das Meerfelder Maar bei Manderscheid.

Windsborn-Vulkans hoch auf. Der Vulkan dürfte jünger sein als die Mosenberg-Krater, da seine Formen noch viel besser erhalten sind. Noch jünger ist der am weitesten nördlich gelegene Hinkelsmaar-Vulkan, denn er hat aus dem Wall des Windsborn eine Nische herausgesprengt, in der heute der große Parkplatz liegt. Auch das Hinkelsmaar ist im vulkanologischen Sinne kein Maar, sondern der Kratersumpf eines flachen Schlackenkegels, der der Landoberfläche, hier dem Vorläufer des Ellbachtales, aufgesetzt ist. Der Schlackenwall ist mit Fichten bestanden; den kreisrunden Krater bedecken Wiesen, in feuchten Frühjahren steht hier auch Wasser.

In den Moorablagerungen des Hinkelmaares wurden die Tuffe des Meerfelder Maares erbohrt, das demnach das jüngste Förderzentrum der ganzen Manderscheider Vulkangruppe darstellt. Es dürfte gegen Ende der letzten Kaltzeit (der Würm-„Eiszeit", das Rheinische Schiefergebirge war niemals vergletschert) entstanden sein.

Die Tuffe des Meerfelder Maares sind gekennzeichnet durch faustgroße Olivinbomben, die auf den Feldern bei Bettenfeld oder westlich vom Maar zu finden sind. Das Maar gehört zu dem Maartypus, dessen Hohlform, die hier einen Durchmesser von etwa 1500 m hat, nicht

Die Tuffe des Meerfelder Maares enthalten etwa 1 km von der Ausbruchsstelle entfernt noch große Bomben von Devon-Sandsteinen, die von heftigen waagerechten Tuffwürfen transportiert worden sein müssen.

nur durch das Auswerfen von Tuffmassen, sondern auch durch das Einbrechen großer Nebengesteinsschollen entstanden ist. Das läßt sich allerdings an der heutigen Landschaftsform nicht mehr ablesen, sondern ergibt sich nur aus einer genauen Analyse der Lagerungsverhältnisse in den Unterdevon-Schichten. Die Tuffe sind im wesentlichen an zwei Stellen in der Randspalte des Maarkessels ausgestoßen worden. Ein Tuff-Fächer läßt sich nach Südosten bis nach Manderscheid verfolgen, ein zweiter nach Westen über Deudesfeld hinaus bis nach Meisburg. Der östliche Fächer enthält viele Buntsandstein-Fragmente; er entstammt einem Förderschlot am Südostrand des Kessels, der hier vor der Maarentstehung noch Reste einer Buntsandstein-Decke enthalten haben muß. Heute findet man noch einen solchen Rest nördlich von Bettenfeld am südlichen Maarrand.

Die Tuffe enthalten außer den schon erwähnten Olivinbomben und Buntsandsteinstücken Basaltbomben, bestehen aber überwiegend aus Fragmenten von Unterdevon-Gesteinen. Die Schlote müssen fossilreiche Schichten durchschlagen haben, denn in den Sandsteinauswürflingen finden sich häufig Muscheln, Trilobiten und Brachiopoden, unter ihnen u. a. das Leitfossil für die Siegen-Schichten *Acrospirifer primaevus* (STEININGER).

Das Maar entstand im Meerbach-Tal, das zur Zeit der Maarbildung schon etwa bis zu seiner heutigen Form eingetieft war, ein weiteres Indiz für das geringe Alter des Vulkans. Aus dem Oberlauf des Tales wurde der Tuff wieder in den Kessel geschwemmt; dadurch wurde die

Das Meerfelder Maar von Osten. Links Meerfeld auf dem Schwemmkegel des Meerbaches, rechts hinten Deudesfeld. (Freigegeben vom Reg.-Präs. Düsseldorf Nr. 23 K 37)

Wasserfläche nach Norden abgedrängt und findet sich heute hier als ein nur 17 m tiefer, halbmondförmiger See. Auf dem Schwemmkegel liegt das Dorf Meerfeld. Durch einen Abzugsstollen nach Südosten wurde im vorigen Jahrhundert der Seespiegel abgesenkt, um Weide- und Ackerland zu gewinnen.

Man kann das Maar im Uferniveau umwandern. Reizvoll ist auch ein Gang entlang dem oberen Maarrand: Von Meerfeld führt eine kleine Straße am Westrand aufwärts, vorbei an einer alten Tuffgrube (etwa 500 m nordwestlich der Kirche). Von dem Aussichtsturm auf dem Tuffrücken nördlich des Maars überschaut man einen großen Teil der quartären Vulkankette der Eifel. Einen Überblick über den ganzen Kessel hat man, wenn man auf einem der Feldwege von Bettenfeld aus nach Norden bis an den Rand des Kessels geht.

S. 98/99:
Blick von Norden über die Wittlicher Rotliegend-Senke mit der Stadt Wittlich. Im Hintergrund die bewaldeten Moselberge, ein Unterdevon-Riegel zwischen Wittlicher Senke und Moseltal.

Die Wittlicher Senke

L 5906 Daun, L 6106 Wittlich,
L 6108 Bernkastel–Kues

Die Wittlicher Senke ist bald nach der variszischen Faltung angelegt worden, sie folgt in ihrer Längsstreckung noch dem Nordost-Südwest-Streichen der Falten. Unter wüstenartigen Klimabedingungen wurde hier während der Permzeit der Abtragungsschutt des aufsteigenden Faltengebirges angehäuft. Die fossilfreien, tiefroten Schuttbildungen werden mit den Rotliegend-Schichten des Nahegebietes verglichen.

Wer auf der Autobahn nach Trier fährt, dem fallen in dem Waldstück hinter Wittlich die tief angeschnittenen roten Gesteinsfolgen auf. Die Rotliegend-Senke ist asymmetrisch, ihre Nordwestseite ist an der Wittlicher Randverwerfung tiefer abgesunken als ihre Südostseite, die nur kleinere Verwerfungen aufweist. Der devonische Rahmen der östlichen Wittlicher Senke besteht im Südosten aus Hunsrückschiefer (Unterdevon), im Nordwesten aus Wissenbach-Schiefern (Unteres Mitteldevon), die hier den Kern der Olkenbacher Mulde bilden, eines Teilstücks der großen Moselmulde, die sich bis ins rechtsrheinische Schiefergebirge verfolgen läßt.

Als Ausgangspunkt für eine Exkursion in die östliche Wittlicher Senke ist der Bahnhof Ür-

In Rotliegend-Konglomeraten bei Bausendorf in der Wittlicher Senke finden sich Gerölle mitteldevonischer Dolomite.

zig gut geeignet; hier halten nur Nahverkehrszüge. Eine bequeme Tagestour läßt sich aber auch vom 5 km weit entfernten Bahnhof Wengerohr aus durchführen; hier halten alle Eilzüge und viele Schnellzüge. An der Obergrenze der Weinberge nordwestlich Ürzig ist überall ein permischer Brockentuff aufgeschlossen, dessen Ausbruchsstelle noch nicht lokalisiert werden konnte. Er besteht aus nußgroßen Bomben von Porphyr, Unterdevon-Gesteinen und metamorphen Gesteinen aus dem vordevonischen Untergrund. Darunter tritt an den Moselhängen Hunsrückschiefer zutage.

Die Straße von Ürzig zum Bahnhof (etwa 1,5 km) führt unmittelbar südlich der Bahnunterführung in einen Einschnitt, in dem Rotliegendsandsteine (in der Fazies der Kreuznacher Schichten) mit großbogiger Schrägschichtung aufgeschlossen sind. Weiter auf der Straße nach Bausendorf (der Weg führt eine kurze Strecke über Blatt L 5908 Cochem). In der Umgebung des Friedhofs von Bausendorf, im Osten des Ortes, finden sich in den Rotliegendsedimenten viele Gerölle von Dolomiten, die wohl aus mitteldevonischen Schichtfolgen der Eifel stammen müssen.

Von Bausendorf kann man nach Olkenbach gehen (gut 1 km); man überschreitet dabei die nordwestliche Randverwerfung der Wittlicher Rotliegendsenke. Bei Olkenbach, besonders östlich vom Ort, sind in Steinbrüchen und an Weganschnitten Wissenbach-Schiefer aufgeschlossen. Sie stellen eine landferne Ausbildung (herzynisch-böhmische Fazies) der Schichten des Unteren Mitteldevons dar. Sie

Am Neuerburger Kopf in der Wittlicher Senke ist Rotliegend-Sandstein durch gangartig eingedrungenen Basalt vor der Abtragung geschützt worden.

reichen noch bis in den obersten Teil des Unterdevons hinab. Fossilien sind selten (u. a. Tentaculiten, Orthoceraten).

Von Bausendorf zum Neuerburger Kopf (etwa 4 km; es gibt Abkürzungswege abseits der B 49). Der Neuerburger Kopf und die südlich benachbarte Kuppe bei Berlingen stellen keine der Grabensohle aufgesetzten Vulkanbauten dar, wie man annehmen würde, wenn man die beiden Kegel aus der Ferne betrachtet. Gangartig eingedrungene Basaltschmelze mit Eruptivbrekzien hat das Nebengestein (Neuerburger Sandstein des Rotliegenden) vor der Ab-

tragung geschützt. Die Berge bestehen also nur zu einem geringen Teil aus Vulkaniten. Die Vorkommen gehören wohl zu dem tertiären Vulkanzyklus. Wegen der Aussicht lohnt ein Aufstieg auf den Neuerburger Kopf. Man kann von hier nach Wengerohr gehen (3 km) oder nach Wittlich (4 km).

Das Sauertal
L 6104 Bitburg, L 6304 Trier

Den besten Überblick über die mesozoische Schichtenfolge der Trierer Bucht bekommt man, wenn man aus dem Trierer Raum auf der nördlichen Seite des Moseltals aufwärts fährt und dann dem Sauertal bis Bollendorf folgt (von Trier 43 km). Die Bahnlinie auf der deutschen Seite des Sauertals ist stillgelegt.

Die vorgeschlagene Exkursion ist nicht nur wegen der stratigraphischen Übersicht und der landschaftlichen Reize mit den abwechslungsreichen Ausblicken ins Luxemburger Gutland zu empfehlen, sondern auch wegen der zahlreichen geschichtlichen und frühgeschichtlichen Denkmäler (Igel, Wintersdorf, Minden, Bollendorf u. a.). Zusätzliche Informationen durch einen kunsthistorischen oder archäologischen Führer, z. B. den von BINSFELD u. a. (1977), der auch eine von J. NEGENDANK verfaßte kurze geologische Einleitung enthält, sind hier sehr hilfreich.

Die schräggeschichteten kompakten Sandsteine des Mittleren Buntsandsteins mit dünnen Konglomeratlagen bauen die steilen Moselhänge gegenüber Trier auf. Westlich von Igel treten sie nahe ans Moselufer heran. Die berühmte römische Säule von Igel besteht auch aus diesem Material.

Bei der Einfahrt ins Sauertal steht Unterer Muschelkalk bis Metzdorf z. T. in hohen Wänden neben der Straße an. Auf der luxemburgischen Seite ist über dem Tal ein großer Steinbruch im Muschelkalk zu sehen. Der Untere Muschelkalk ist hier nicht wie sonst in Mitteleuropa ausgebildet, sondern in der von einem nahen Festland in den Ardennen beeinflußten Fazies des Muschelsandsteins und besteht hauptsächlich aus dolomitischen Sandsteinen sowie aus Mergeln und Tonen. Er ist im Sauertal 50 m mächtig und schließt oben mit einer Schicht von Zellendolomiten ab, die reich an *Myophoria orbicularis* ist.

Innerhalb einer flachen Aufwölbung, dem Sattel von Born, taucht zwischen Metzdorf und Wintersdorf Buntsandstein in der Talsohle auf. Oberhalb von Ralingen quert eine noch kleinere Buntsandsteinaufwölbung das Sauertal.

Der Mittlere Muschelkalk besteht wie überall im Deutschen Becken hauptsächlich aus grünlichgrauen Mergeln mit Gipslagern von mehreren Metern Dicke. Rote Mergeleinschaltungen zeigen hier im Sauergebiet aber auch die

Das römische Denkmal in Igel (gegenüber der Mündung der Saar in die Mosel) wurde aus Buntsandstein erbaut.

S. 104/105:
Die Täler haben nahe der Mosel tiefe Schluchten ausgebildet. Bei den Irreler Wasserfällen im Prümtal.

Einflüsse des nahen Ardennen-Festlands an. Mehrere, meist aufgelassene Gipsabbaue finden sich an der Straße aus dem Sauertal nach Olk; das Gemäuer der Verladestellen ist an mehreren Stellen nördlich der Straße sichtbar. Wo die Mergel an Abhängen angerissen sind, kann man Lagen von Fasergips, in Dolomitbänkchen vielleicht sogar Abdrücke von Steinsalzwürfeln finden.

Der Obere Muschelkalk wird durch mehrere Mergelbänder gegliedert, so daß er nicht das kompakte, landschaftsprägende Paket des Trochitenkalks enthält, das im übrigen deutschen Muschelkalkgebiet vorhanden ist.

Die Muschelkalkgebiete im deutsch-luxemburgischen Grenzgebiet sind wegen ihrer Orchideenflora, deren Artenreichtum in Mitteleuropa nur noch vom Kaiserstuhl überboten wird, bei den Botanikern berühmt. Alle Orchideenarten sind geschützt; auch die Fotografen sollten darauf achten, daß bei der Auswahl der schönsten Objekte nichts zertreten wird. Zur Hauptblütezeit, meist Anfang Juni, darf man in den Kalkhängen an der Sauer keinen Schritt tun, ohne sich zu vergewissern, daß man den Fuß nicht gerade auf eine Orchidee setzt.

Der Keuper besteht hauptsächlich aus bunten Mergeln, in denen wieder Gipseinlagerungen häufig sind. Aufschlüsse sind wegen der geringen Widerstandsfähigkeit selten; geringmächtige Sandsteineinlagerungen finden sich nur an der Basis und am Dach des Keupers. Das Sauertal ist im Bereich des Keupers, also im Raum Minden – Echternach, weit und von sanften Hügeln gesäumt.

Aber gegenüber von Echternach steigen die Talhänge wieder steil an. Sie werden oben von Felsbastionen abgeschlossen, die vom Luxemburger Sandstein (Lias α) gebildet werden. Der grobkörnige, schräggeschichtete Sandstein bildet eine riesige Platte, die durch die Täler von Sauer, Prüm und Nims in schmale Plateaus zerschnitten wird. Das größte ist das Ferschweiler Plateau, dessen Westrand die bizarre Felsgalerie am Sauertal bildet. Auf der luxemburgischen Seite bauen diese Sandsteine 2–3 km nordwestlich von Echternach die „Luxemburger Schweiz" auf; besonders das Aesbachtal mit Felstürmen, Spalten und Wasserfällen ist sehr eindrucksvoll.

Auf der Ostseite des Sauertales sei der Aufstieg zur Felsgruppe „Schweineställe" empfohlen: Vom Sauertal bei Weilerbach die Straße nach Ferschweiler hinauf bis zum Kaiserbaum (knapp 1 km). Auto in Weilerbach oder am Kaiserbaum stehen lassen. Auf Fußweg (bezeichnet u. a. mit den schwarzen Dreiecken des Eifelvereins) im Zickzack in nordöstlicher Richtung aufwärts zu den Schweineställen, die einen schmalen Durchlaß zwischen

Die „Schweineställe" zwischen Weilerbach und Ferschweiler (Luxemburger Sandstein, Lias).

In den tonigen Gesteinen des Keupers kommt es oft zu Hangrutschungen, die hier die Straße Ferschweiler – Weilerbach verschoben und aufgewölbt haben.

Mauern von Luxemburger Sandstein darstellen; er war früher bei Gefahr ein Refugium für Mensch und Vieh. Hier findet sich eine Inschrift aus der Römerzeit im Fels: Artioni Biber (der Bärengöttin Artio geweiht von einem Mann namens Biber). Am Fuß der Sandsteinplatte zahlreiche Quellen über den Mergeln des Keupers, in denen es oft zu Hangrutschungen kommt. Die Mergelhänge sind mit z.T. hausgroßen herabgestürzten Blöcken von Luxemburger Sandstein bedeckt. Aus einem solchen losen Block, dessen Schichtung senkrecht steht, ist ein römischer Weihestein für die Göttin Diana herausgemeißelt. Man erreicht ihn auf einem Weg vom Kaiserbaum in Richtung Bollendorf oder von der Bungalow-Siedlung „Parkdorf" im Sauertal aus: erst die Schloßstraße, dann die Dianastraße aufwärts; von der Dianastraße führt ein Fußweg den Hang hinauf direkt zum Stein.

Literatur

AHRENS, W., Geologisches Wanderbuch durch das Vulkangebiet des Laacher Sees in der Eifel. Stuttgart 1930 (Enke)

AHRENS, W., SCHMIDT, W., Geologische Übersichtskarte der Eifel 1:200000. Bonn (Stollfuß)

Akademie für Raumforschung und Landesplanung (Hrsg.), Geologie. – Deutscher Planungsatlas 1, Nordrhein-Westfalen. Hannover 1976

BAUER, H. J., MEYER, W., SCHUMACHER, W., Das Naturschutzgebiet Lampertstal bei Blankenheim (Ahr). Rheinische Landschaften 19. Neuß 1981

BINDING, G. u. a., Nordöstliches Eifelvorland: Euskirchen, Zülpich, Bad Münstereifel, Blankenheim. Führer zu vor- und frühgeschichtlichen Denkmälern 25. Mainz 1974 (von Zabern)

BINSFELD, W. u. a., Südwestliche Eifel: Bitburg, Prüm, Daun, Wittlich. Führer zu vor- und frühgeschichtlichen Denkmälern 33. Mainz 1977 (von Zabern)

CLOOS, H., Gang und Gehwerk einer Falte. Zeitschrift der Deutschen Geologischen Gesellschaft 100, S. 290–303, Hannover 1950

FRECHEN, J., Siebengebirge am Rhein, Laacher Vulkangebiet, Maargebiet der Westeifel. Sammlung Geologischer Führer 56. 3. Auflage Stuttgart 1976 (Borntraeger)

FRECHEN, J., HOPMANN, M., KNETSCH, G., Die vulkanische Eifel. Bonn 1959 (Stollfuß)

KNAPP, G., Erläuterungen zur Geologischen Karte der nördlichen Eifel 1:100000. 2. Auflage Krefeld 1978

KREMER, B. P., CASPERS, N., Die Maare der westlichen Vulkaneifel. Rheinische Landschaften 5/6. Neuß 1975

LIPPOLT, H. J., FUHRMANN, U., Vulkanismus der Nordeifel: Datierung von Gang- und Schlotbasalten. Aufschluß 31, S. 540–547, Heidelberg 1980

MEYER, W., Das Vulkangebiet des Laacher Sees. Rheinische Landschaften 9. 3. Auflage Neuß 1982

MEYER, W., STETS, J., Die Manderscheider Vulkangruppe (Westeifel) in Beziehung zu den Strukturen des Sockels. Zeitschrift der Deutschen Geologischen Gesellschaft 130, S. 273–288, Hannover 1979

NEGENDANK, J., Trier und Umgebung. Sammlung Geologischer Führer 60. Stuttgart 1974 (Borntraeger)

RICHTER, D., Aachen und Umgebung – Nordeifel und Nordardennen mit Vorland. Sammlung Geologischer Führer 48. 2. Auflage Stuttgart 1975 (Borntraeger)

SAUER, F., Die Eifel in Farbe. Ein Reiseführer für Naturfreunde. 3. Auflage Stuttgart 1981 (Franckh'sche Verlagshandlung)

STRAKA, H., Die spätquartäre Vegetationsgeschichte der Vulkaneifel. Beiträge zur Landespflege von Rheinland-Pfalz. Beiheft 3. Oppenheim 1975

Register

Acrospirifer 19, 95
Adendorf 10, 50, 57
Ahbachtal 69, 71
Ahrtal 20 ff., 52
Ahrweiler 26, 52
Alftal 84 ff.
Altenahr 20 ff., 26
Andernach 18, 33, 47
Andesit 60
Antweiler 10, 67
Aremberg 10, 57, 58

Bad Breisig 15, 19
Bad Godesberg 15
Bad Neuenahr 52
Bausenberg 11, 52, 57
Bausendorf 100 f.
Bell 38, 49, 54
Bergheim b.
 Mechernich 64 ff.
Berkum 56 f.
Bettenfeld 93 ff.
Billiger Wald 67
Bimstuff 32 ff., 50, 56
Bithynia 40
Blankenheim 22
Bleiglanz 43, 49, 61
Bonn 14 f.
Boos 60 f.
Breitenbenden 61, 67
Brohl 29, 33
Brohltal 15, 29 ff., 52 f., 57
Bürresheim 43 ff.
Buntsandstein 61, 66 ff.,
 71 ff., 79, 95, 103
Buxus 49

Caldera 33, 42

Dachsbusch 56 f.
Daun 79 ff.
Deudesfeld 95 f.
Dollendorfer Mulde 71 ff.
Dolomitisierung 69, 71, 76 f.
Dreimühlen b. Nohn 69, 71
Drepanophycus 82
Dümpelfeld 27
Dürres Maar (Holzmaar) 88

Effelsberg 64
Ehrenbreitstein 38
Eisenspat 43
Epidot 33
Ettringen 43, 49

Feldkirchen-Gönnersdorf
 38, 50
Fornicher Lava 18, 33

Gänsehals 49, 54
Gedinne-Schichten 68 f.
Gemündener Maar 79, 82
Gerolstein 7, 74 ff.
Gillenfeld 83 f., 88
Gneis 49, 60

Harnisch 21, 22
Hauptterrasse 14 f., 54, 57
Hauyn 42
Hitsche (Maar) 88
Hochkelberg 10, 58, 60
Hochsimmer 43, 46, 49, 54,
 58
Hochstein 49, 54, 58
Hoffeld 52
Hohe Acht 10, 58

Hohe Buche 18, 33
Hoher List 82 f.
Holzmaar 88
Homalonotus 49
Hornblende 58, 60
Hunsrückschiefer 18, 42, 54,
 100 f.

Immerath (I.er Risch, Maar)
 84 f.
Insul 27
Iversheim 67

Kakushöhle 65
Kalkarer Moor 67
Kalktuff 65, 69, 71
Kalltalsperre 68
Kaolin 19
Karmelenberg 54, 56
Kartstein 65
Kasselsburg (Meuspath) 60
Katzensteine 67
Keuper 106 ff.
Klerf-Schichten 63, 69, 86
Kohlensäure-Quellen 33,
 39 f., 52, 82
Kottenheimer Büden 43
Kupferkies 43

Laach (Ahr) 23
Laacher See 11, 32 ff., 54
Langerwehe 10
Langfigtal 20 f.
Lias 107 f.
Liesertal 82
Limes 15, 18
Löß 18 f. 42

J. Bauer
Der Kosmos-Mineralienführer
Alle wichtigen, dem Liebhaber und Sammler begegnenden Steine werden hier erfaßt. Die Systematik der Texte und Tabellen ermöglicht ein sicheres und schnelles Bestimmen jeder Probe.
215 S., 576 Farb- u. 1 SW-Foto, 63 Zeichnungen.

Woolley/Bishop/Hamilton
Der Kosmos-Steinführer
Die Gegenüberstellung von Text und Bild ermöglicht die genaue Bestimmung von 834 brillant fotografierten Fossilien, Gesteinen und Mineralien.
318 S., 834 Objekte in Farbe, 370 Zeichnungen.

A. Richter
Fossilien zum Sammeln
Mit einer Fülle von Tips und Anregungen für den Sammler werden hier Fossilien vorgestellt.
72 S., 120 Farbfotos, 1 Tabelle, 20 SW-Zeichnungen.

Botsch/Schniepp
Geologischer Wanderführer: Schwäbische Alb
Zahlreiche schöne und instruktive Fotos machen mit den Landschaftsformen und dem geologischen Aufbau der Schwäbischen Alb bekannt.
79 S., 124 Farbfotos, 8 Zeichnungen.

Karsch/Muntwiler
Der Schweizer Jura und seine Fossilien
Die Autoren beschreiben anhand von Farbbildern die typischen Landschaftsformen, die durch die geologische Entwicklung des Schweizer Jura bestimmt sind.
136 S., 12 Farb- u. 128 SW-Fotos, 24 Zeichnungen, 1 farbg. geolog. Karte.

Beurlen/Gall/Schairer
Die Alb und ihre Fossilien
Die Beschreibung des Juragesteins der Alb und seines Fossilinhalts steht im Mittelpunkt dieses Buches.
224 S., 19 Farbfotos, 44 SW-Fotos, 280 Zeichnungen.